새로운
다양한
동양북_
홈페이지에서
만나보세요!

www.dongyangbooks.com
m.dongyangbooks.com

홈페이지 도서 자료실에서 학습자료 및 MP3 무료 다운로드

PC

❶ 홈페이지 접속 후 **도서 자료실** 클릭
❷ **하단 검색 창에 검색어 입력**
❸ MP3, 정답과 해설, 부가자료 등 첨부파일 다운로드
  * 원하는 자료가 없는 경우 '요청하기' 클릭!

MOBILE

* 반드시 '인터넷, Safari, Chrome' App을 이용하여 홈페이지에 접속해주세요. (네이버,
  다음 App 이용 시 첨부파일의 확장자명이 변경되어 저장되는 오류가 발생할 수 있습니다.)

❶ 홈페이지 접속 후 ☰ 터치

❷ 도서 자료실 터치

❸ **하단 검색창에 검색어 입력**
❹ MP3, 정답과 해설, 부가자료 등 **첨부파일 다운로드**
  * 압축 해제 방법은 '다운로드 Tip' 참고

미래와 통하는 책

가장 쉬운 독학
일본어 첫걸음
14,000원

버전업! 굿모닝
독학 일본어 첫걸음
14,500원

일단 합격하고 오겠습니다
JLPT 일본어능력시험 N3
26,000원

일본어 100문장 암기하고
왕초보 탈출하기
13,500원

가장 쉬운 독학
중국어 첫걸음
14,000원

가장 쉬운 중국어
첫걸음의 모든 것
14,500원

일단 합격 新HSK
한 권이면 끝! 4급
24,000원

중국어
지금 시작해
14,500원

영어를 해석하지 않고
읽는 법
15,500원

미국식
영작문 수업
14,500원

세상에서 제일 쉬운
10문장 영어회화
13,500원

영어회화
순간패턴 200
14,500원

가장 쉬운 독학
베트남어 첫걸음
15,000원

가장 쉬운 독학
프랑스어 첫걸음
16,500원

가장 쉬운 독학
스페인어 첫걸음
15,000원

가장 쉬운 독학
독일어 첫걸음
17,000원

동양북스 베스트 도서

THE
GOAL 1
22,000원

인스타
브레인
15,000원

직장인, 100만 원으로
주식투자 하기
17,500원

당신의 어린 시절이
울고 있다
13,800원

놀면서 스마트해지는 두뇌 자극
플레이북 딴짓거리 EASY
12,500원

죽기 전까지
병원 갈 일 없는 스트레칭
13,500원

가장 쉬운 독학
이세돌 바둑 첫걸음
16,500원

누가 봐도 괜찮은 손글씨 쓰는
법을 하나씩 하나씩 알기 쉽게
13,500원

가장 쉬운 초등 필수 파닉스
하루 한 장의 기적
14,000원

가장 쉬운 알파벳 쓰기
하루 한 장의 기적
12,000원

가장 쉬운 영어 발음기호
하루 한 장의 기적
12,500원

가장 쉬운 초등한자 따라쓰기
하루 한 장의 기적
9,500원

세상에서 제일 쉬운
엄마표 생활영어
12,500원

세상에서 제일 쉬운
엄마표 영어놀이
13,500원

창의쑥쑥 환이맘의
엄마표 놀이육아
14,500원

📖 동양북스
www.dongyangbooks.com
m.dongyangbooks.com

 **를 검색하세요**

https://www.youtube.com/channel/UC3VPg0Hbtxz7squ78S16i1g

JLPT

HSK

제2
외국어

동양북스는 모든 외국어 강의영상을 무료로 제공하고 있습니다.
동양북스를 구독하시고 여러가지 강의 영상 혜택을 받으세요.

https://m.post.naver.com/my.nhn?memberNo=856655

 동양북스 포스트

를 팔로잉하세요

동양북스 포스트에서 다양한 도서 이벤트와
흥미로운 콘텐츠를 독자분들에게 제공합니다.

| 일본어뱅크 |

두 권으로 끝내는 기초 일본어

좋아요
일본어

감영희 · 미우라 마사요 · 사이키 가쓰히로 · 사쿠마 시로
성해준 · 아오키 히로유키 · 정태준 · 한탁철 지음

下

동양북스

| 일본어뱅크 |

두 권으로 끝내는 기초 일본어

좋아요 일본어 下

초판 3쇄 | 2023년 1월 5일

지은이 | 감영희, 미우라 마사요, 사이키 가쓰히로, 사쿠마 시로, 성해준, 아오키 히로유키, 정태준, 한탁철
발행인 | 김태웅
책임 편집 | 길혜진, 이선민
디자인 | 남은혜, 신효선
마케팅 | 나재승
제 작 | 현대순

발행처 | (주)동양북스
등 록 | 제 2014-000055호
주 소 | 서울시 마포구 동교로22길 14 (04030)
구입문의 | 전화 (02)337-1737   팩스 (02)334-6624
내용문의 | 전화 (02)337-1762   dybooks2@gmail.com

ISBN 979-11-5768-477-9 14730
      979-11-5768-475-5 (세트)

ⓒ 감영희 · 미우라 마사요 · 사이키 가쓰히로 · 사쿠마 시로 · 성해준 · 아오키 히로유키 · 정태준 · 한탁철, 2019

▶ 본 책은 저작권법에 의해 보호를 받는 저작물이므로 무단 전재와 복제를 금합니다.
▶ 잘못된 책은 구입처에서 교환해드립니다.
▶ 도서출판 동양북스에서는 소중한 원고, 새로운 기획을 기다리고 있습니다.
  http://www.dongyangbooks.com

이 도서의 국립중앙도서관 출판예정도서목록(CIP)은 서지정보유통지원시스템 홈페이지(http://seoji.nl.go.kr)와 국가자료공동목록시스템
(http://www.nl.go.kr/ kolisnet)에서 이용하실 수 있습니다.
(CIP제어번호:CIP2019000301)

머리말

일본어는 한국인에게 배우기 쉬운 외국어로 알려져 있습니다. 그것은 양국의 언어가 같은 우랄 · 알타이어족으로 어순이 같고 문법이나 어휘적 측면에서 비슷한 부분이 많기 때문일 것입니다. 또한 음성학적으로도 몇 가지 발음체계 자체의 상이함이나 한국어에는 없는 발음도 있지만, 일본어 발음에 필요한 요소들 대부분은 한국인 학습자들에게 그다지 어렵지 않을 것이란 판단 때문입니다.

본 교재는 그러한 측면에서 '일본어를 학습하는 데 있어 한국인 학습자가 지닌 장점'을 최대한 활용할 수 있도록 노력하였습니다. 그를 위해 때로는 공부하기 어려운 부분들을 생략하기도 했습니다.

예를 들면 이 교재에서는 'らしい'라는 표현을 학습항목에서 뺐습니다. 일반적인 교재에서는 'ようだ', 'そうだ'를 배울 때 비슷한 표현으로 'らしい'를 제시하는 경우가 많습니다. 비슷한 표현을 한꺼번에 제시하는 것도 하나의 방법이겠지만, 학습자에 따라서는 복잡하여 도리어 학습 진도에 방해가 되는 경우도 있습니다. 일본어를 더 공부하다 보면 'らしい'를 써야 할 경우도 있겠지만, 본 교재에서는 'ようだ'나 'そうだ'로 의사전달을 할 수 있도록 하여, 괜히 학습자가 헷갈리지 않도록 기본적 표현을 확실하게 배우는 것을 우선시합니다. "쉽고 재미있게 공부하자"는 자세가 본 교재의 기본 취지이기 때문입니다.

그러면 '심화학습을 기대하기 어렵다'는 불만이 나올 수 있습니다. 하지만 저자 일동은 문법사항을 총망라하는 것보다 비교적 이해하기 쉽고 사용에 편리한 내용을 우선 도입함으로써, 학습자의 마음을 편히 하고 재미있는 학습을 유도해야 성취감을 얻을 수 있다는 점에 보다 중점을 두었습니다. 기초 단계에서부터 어려운 벽에 부딪혀 중도에 포기하고 마는 안타까운 일이 있어서는 안 되기 때문입니다. 저자 일동은 학습자들이 본 교재를 통해 '일본어는 정말 쉽고 재미있다'는 생각을 하게 되기를 진정으로 바랍니다.

외국어 학습이란 긴 여행과도 같습니다. 아무리 뛰어난 교재라 할지라도 긴 여행에 필요한 모든 것을 갖추기란 어려운 일입니다. 본 교재는 일본어 학습 여행을 처음 시작하는 데에 필요한 최소한의 내용을 가장 알차게 다룸으로써, 실패하는 학습자가 생기지 않도록 세심한 주의를 기울여 구성하였습니다. 본 교재와 함께 일본어 학습이라는 긴 여행을 떠난다면, 금방 멈추고 가던 길을 되돌아서는 일은 결코 없을 것임을 확신합니다.

부디 학습자 여러분의 일본어 학습에 도움이 되는 좋은 교재가 되기를 희망하며, 좋은 성과가 있기를 기원합니다.

감사합니다.

2019년 1월 저자 일동

이 책의 구성과 특징

▶ 전체 구성

모두 15개 과로 구성되었으며, 각 과는 회화, 문법 설명, 심화 학습을 위한 다양한 연습, 문제 풀이, 생활 어휘, 일본 문화 탐방 등을 배치하여 학습의 효율성을 극대화하는 데 역점을 두었다. 이상의 요소를 아래에 자세하게 설명한다.

1. 단원 소개

각 과의 제목과 해당 과에서 학습하게 될 주요 내용을 간략하게 소개한다.

2. 회화

각 과에서 학습할 모든 사항이 집약된 메인 회화문이다. 먼저 읽기와 뜻 파악에 도전해 보고, 문법 사항들을 학습한 후에 다시 한 번 도전해 봄으로써 학습자 스스로 향상된 실력을 점검해 볼 수 있다.

3. 학습 포인트

각 과에서 학습할 문법을 항목별로 자세하게 다루었다. 특히 각 항목마다 제공되는 풍부한 예문은 이해도를 높여 학습 동기 부여에 큰 도움이 된다.

4. 연습

'학습 포인트'에서 익힌 내용을 '공란을 채워 문장 완성하기' 등의 방법을 이용해 연습함으로써 핵심 내용을 확실하게 자기 것으로 만들 수 있도록 했다.

5. 회화 연습

주어진 질문에 대답하는 형식이다. 대답은 정답이 있는 것이 아니라 학습자의 상황에 맞는 대답을 하는 형식이어서 강의실에서 다양한 상황을 연출할 수 있다. 이는 학습자의 수업 참여도에 큰 이점으로 작용할 것으로 기대된다.

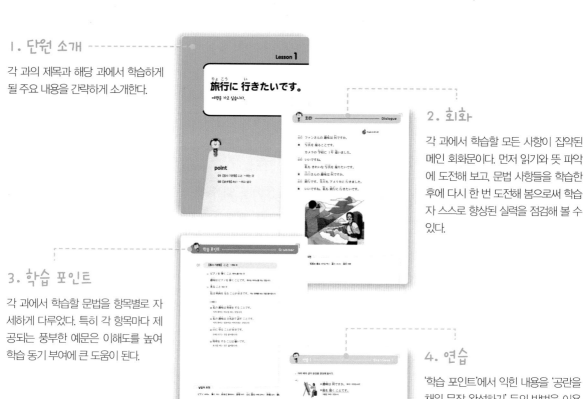

6. 응용 연습

질문과 대답 모두 학습자가 스스로 선택할 수 있는 형식을 취한다. 따라서 각 과의 학습 내용을 이용해 학습자와 학습자 사이의 의사소통이 가능하도록 고안된 고도의 학습법이다. 학습자는 다양한 상황을 연상하면서 새로운 표현에 도전하고 성공하면서 학습 성취도를 만끽할 수 있다.

8. 쓰기 연습

학습한 내용을 바탕으로 지시문에 따라 자신의 생각을 일본어로 옮겨 보는 작문 연습이다. 이는 말하기 연습과 같은 효과를 낼 수 있어서 '읽기 연습'과 더불어 각 과의 최종 정리 시간이 된다.

* 생활 어휘

'생활 어휘'에서는 각 과와 관련된 기본 어휘들을 사진 자료와 함께 제공한다.

7. 읽기 연습

각 과에서 학습한 내용이 집약된 비교적 긴 문장을 읽고 해석해 봄으로써 지금까지 학습한 내용을 되새김하는 시간을 제공한다. 얼마나 정확한 해석이 가능한지 측정해 보고, 특히 읽을 때는 처음부터 끝까지 틀리지 않고 읽을 수 있도록 도전해 보는 것도 좋은 효과를 낼 수 있다.

9. JLPT에 도전!

각종 시험에서 나올 수 있는 문제 형식을 이용해 각 과에서 학습한 내용도 점검하고 JPT, JLPT 등 대표적인 일본어 능력시험의 문제 형식에도 익숙해질 수 있어서 일거양득의 효과를 기대할 수 있다.

* 일본 문화탐방

'일본 문화 탐방'에서는 일본을 이해하는 기초 자료와 관련 이미지를 함께 제공한다. 언어는 문화에서 나오는 만큼 문화를 이해하는 힘은 일본어 능력 향상에도 큰 도움이 될 것이다.

히라가나

	あ단	い단	う단	え단	お단
あ행	あ [a]	い [i]	う [u]	え [e]	お [o]
か행	か [ka]	き [ki]	く [ku]	け [ke]	こ [ko]
さ행	さ [sa]	し [shi]	す [su]	せ [se]	そ [so]
た행	た [ta]	ち [chi]	つ [tsu]	て [te]	と [to]
な행	な [na]	に [ni]	ぬ [nu]	ね [ne]	の [no]
は행	は [ha]	ひ [hi]	ふ [hu]	へ [he]	ほ [ho]
ま행	ま [ma]	み [mi]	む [mu]	め [me]	も [mo]
や행	や [ya]		ゆ [yu]		よ [yo]
ら행	ら [ra]	り [ri]	る [ru]	れ [re]	ろ [ro]
わ행	わ [wa]				を [o]
ん	ん [N]				

	ア단	イ단	ウ단	エ단	オ단
ア행	ア [a]	イ [i]	ウ [u]	エ [e]	オ [o]
カ행	カ [ka]	キ [ki]	ク [ku]	ケ [ke]	コ [ko]
サ행	サ [sa]	シ [shi]	ス [su]	セ [se]	ソ [so]
タ행	タ [ta]	チ [chi]	ツ [tsu]	テ [te]	ト [to]
ナ행	ナ [na]	ニ [ni]	ヌ [nu]	ネ [ne]	ノ [no]
ハ행	ハ [ha]	ヒ [hi]	フ [hu]	ヘ [he]	ホ [ho]
マ행	マ [ma]	ミ [mi]	ム [mu]	メ [me]	モ [mo]
ヤ행	ヤ [ya]		ユ [yu]		ヨ [yo]
ラ행	ラ [ra]	リ [ri]	ル [ru]	レ [re]	ロ [ro]
ワ행	ワ [wa]				ヲ [o]
ン	ン [N]				

旅行に 行きたいです。
りょこう　　　　　い

여행을 가고 싶습니다.

point

01 【동사 기본형】こと　〜하는 것

02 【ます형】たい　〜하고 싶다

회화 ·· Dialogue

Track 2-01-01

山口　ファンさんの 趣味は 何ですか。

黄　写真を 撮ることです。

　　カメラの 学校に 1年 通いました。

山口　いいですね。

　　私も きれいな 写真を 撮りたいです。

黄　山口さんの 趣味は 何ですか。

山口　旅行です。先月も アメリカに 行きました。

黄　いいですね。私も 旅行に 行きたいです。

▶ **낱말과 표현**

趣味 취미 | **写真を 撮る** 사진을 찍다 | **通う** 다니다 | **旅行** 여행

01 【동사 기본형】 こと ~하는 것

» ピアノを 弾く こと 피아노를 치는 것

趣味は ピアノを 弾く ことです。 취미는 피아노를 치는 것입니다.

» 見る こと 보는 것

私は 映画を 見る ことが 好きです。 저는 영화를 보는 것을 좋아합니다.

| 예문 |

❶ 私の 趣味は 野球を する ことです。

저의 취미는 야구를 하는 것입니다.

❷ 私の 趣味は 日本語で 話す ことです。

저의 취미는 일본어로 이야기하는 것입니다.

❸ 山に 登る ことが 好きです。

산에 오르는 것을 좋아합니다.

❹ 料理を する ことは 嫌いです。

요리를 하는 것은 싫어합니다.

▶ 낱말과 표현

ピアノ 피아노 | 弾く 치다 | 好きだ 좋아하다 | 野球 야구 | 山に 登る 산에 오르다 | 料理 요리 | 嫌いだ 싫어하다

02 【ます형】たい ~하고 싶다

» 行く 가다 → 行きたい 가고 싶다

学校に 行きたいです。 학교에 가고 싶습니다

» 寝る 자다 → 寝たい 자고 싶다

早く 寝たい。 일찍 자고 싶다.

» する 하다 → したい 하고 싶다

デートが したいです。 데이트를 하고 싶습니다.

| 예문 |

❶ タクシーに 乗りたいです。

택시를 타고 싶습니다.

❷ アメリカの 映画が 見たいです。

미국 영화를 보고 싶습니다.

❸ 今日は 家に 帰りたく ありません。

오늘은 집에 돌아가고 싶지 않습니다.

❹ 日本の 大学に 通いたいです。

일본 대학교에 다니고 싶습니다.

Tip

단순한 문장인 경우 '~たい' 앞의 'を'가 'が'로 바뀔 경우가 많습니다.

水を 飲む 물을 마시다
→ 水が 飲みたい。
물을 마시고 싶다.

野菜を 食べる 야채를 먹다
→ 野菜が 食べたい。
야채를 먹고 싶다.

Tip

'가지고 싶다'를 일본어 표현할 때는 い형용사 'ほしい'를 사용합니다.
즉 '일본어 책을 갖고 싶습니다'는 '日本語の 本が ほしいです'가 됩니다.

▶ **낱말과 표현**

早く 빨리 | デート 데이트 | 野菜 야채 | タクシー 택시 | 乗る 타다 | 帰る 돌아가다

▶ 아래 예와 같이 문장을 완성해 봅시다.

예)

A 趣味は 何ですか。 취미는 무엇입니까?

B 絵を 描く ことです。

그림을 그리는 것입니다.

❶ A 趣味は 何ですか。

B _____ 。

❷ A 趣味は 何ですか。

B _____ 。

❸ A 趣味は 何ですか。

B _____ 。

❹ A 趣味は 何ですか。

B _____ 。

❺ A 趣味は 何ですか。

B _____ 。

▶ 낱말과 표현

絵 그림 | 描く 그리다 | ゲーム 게임 | 音楽 음악 | 聞く 듣다 | 本 책 | 読む 읽다 | 歌を 歌う 노래를 부르다

▶ 아래 예와 같이 문장을 완성해 봅시다.

예)

무엇을 하고 싶습니까?

A 何が　したいですか。

B <u>ごはんが　食べたいです。</u>

① 어디에 가고 싶습니까?

A _____

B _____

② 무엇을 먹고 싶습니까?

A _____

B _____

③ 무엇을 하고 싶습니까?

A _____

B _____

④ 무엇을 마시고 싶습니까?

A _____

B _____

▶ 낱말과 표현

ごはん 밥 ｜ アメリカ 미국 ｜ 泳ぐ 수영하다 ｜ お茶 차

회화 연습 ······································· Exercises 3

▶ 주어진 질문에 예와 같이 대답해 봅시다.

① _____さんの 趣味は 何ですか。

예) 映画を 見る ことです。

_____

② 今 何が したいですか。

예) 家に 帰りたいです。 / 何も したく ないです。

_____

③ 週末は 何を したいですか

예) 友達と 遊びに 行きたいです。

_____

④ 夏休み/冬休みは 何を したいですか。

예) プールで 泳ぎたいです。

_____

▶ 낱말과 표현

週末 주말 | **夏休み** 여름방학 | **冬休み** 겨울방학 | **プール** 수영장

▶ 한국어 해석을 참고하여 밑줄 친 부분에 적절한 단어를 넣어 연습해 봅시다.

A _____さんの 趣味は 何ですか。

B _____です。

A いいですね。私も _____たいです。

B _____さんの 趣味は 何ですか。

A _____です。

B いいですね。私も _____たいです。

A _____ 씨의 취미는 무엇입니까?

B _____입니다.

A 좋네요. 저도 _____싶습니다.

B _____ 씨의 취미는 뭐예요?

A _____입니다.

B 좋네요. 저도 _____ 싶습니다.

읽기 연습 ·········· Reading

Track 2-01-02

私の 趣味
<small>わたし　しゅみ</small>

私は 趣味が 三つ あります。

一つ目は 本を 読む ことです。毎日 寝る 前に ３０分くらい 本を 読みます。

小説、エッセイ、何でも 読みます。次は 日本語の 本も 読みたいです。

二つ目は ジョギングです。一週間に ３回くらい 家の 近くを １時間くら

い 走ります。今年は マラソン大会に 出たいです。

三つ目は 映画を 見る ことです。古い 外国の 映画を よく 見ます。忙しい

ですが、一週間に １回は 映画を 見たいです。

쓰기 연습 ·········· Writing

▶ [읽기 연습]을 참고로 자신의 취미에 대해 써 봅시다.

▶ 낱말과 표현

~目 ~번째 | 読む 읽다 | 毎日 매일 | 前 전 | ~くらい ~정도 | 小説 소설 | エッセイ 수필 | 何でも 뭐든지 |
次 다음 | ジョギング 조깅 | 一週間 일주일 | ~回 ~번 | 近く 가까이 | 走る 달리다 | 今年 올해 | マラソン 마라톤 |
大会 대회 | 出る 나가다 | 古い 오래되다 | 外国 외국 | 忙しい 바쁘다

問題 1 （　　　）に なにを いれますか。①・②・③・④から いちばん いい ものを ひとつ えらんで ください。

1 私の 趣味は 映画を （　　　）です。

① 見るの 　　　② 見る こと 　　　③ 見る もの 　　　④ 見るの こと

2 からい 料理が （　　　）。

① 食べます 　　　② 食べません 　　　③ 食べたいです 　　　④ 食べましょう

3 私の 日課は 毎朝 家の そうじを （　　　） ことです。

① し 　　　　　② す 　　　　　③ しる 　　　　　④ する

問題 2 ＿＿＿＿ の ぶんと だいたい おなじ いみの ぶんが あります。①・②・③・④から いちばん いい ものを ひとつ えらんで ください。

4 新しい 靴が ほしいです。

① 新しい 靴が 買いたいです。

② 新しい 靴が 売りたいです。

③ 新しい 靴が 作りたいです。

④ 新しい 靴が 見たいです。

問題3 ___★___ に はいる ものは どれですか。①・②・③・④から いちばん いい ものを
ひとつ えらんで ください。

5 今日は _____ _____ ★ _____ 。

① 帰りたく　　② うちへ　　③ ありません　　④ あまり

感情<ruby>かんじょう</ruby> 감정

嬉しい<ruby>うれ</ruby>
기쁘다

楽しい<ruby>たの</ruby>
즐겁다

面白い<ruby>おもしろ</ruby>
재미있다

悲しい<ruby>かな</ruby>
슬프다

寂しい<ruby>さび</ruby>
외롭다

怖い<ruby>こわ</ruby>
무섭다

感動する<ruby>かんどう</ruby>
감동하다

興奮する<ruby>こうふん</ruby>
흥분하다

心配する<ruby>しんぱい</ruby>
걱정하다

腹が立つ<ruby>はら</ruby><ruby>た</ruby>
짜증이 나다

ドキドキする
두근거리다

ワクワクする
설레다

家に 帰って 寝ます。
いえ　かえ　　　　ね

집에 돌아가서 잘 겁니다.

point

Track 2-02-01

松本　シンさん、昨日 何を しましたか。

申　　東大門に 行って 映画を 見ました。松本さんは。

松本　私は 友達に 会って おいしい ものを 食べました。

申　　いいですね。今日は 何を しますか。

松本　家に 帰って 寝ます。シンさんは。

申　　図書館に 行って 勉強します。

▶ **낱말과 표현**

昨日 어제 | 東大門 동대문 | 行く 가다 | 映画 영화 | 見る 보다 | 友達 친구 | 会う 만나다 | おいしい 맛있다 |
食べる 먹다 | 今日 오늘 | 家 집 | 帰る 돌아가다/오다 | 寝る 자다 | 図書館 도서관 | 勉強 공부

01 동사 て형 활용

3그룹 동사	불규칙 활용 する → して、 くる → きて
2그룹 동사	る를 떼고 て를 붙인다. みる → みて、 たべる → たべて
1그룹 동사	끝의 글자에 따라 활용이 바뀐다. う・つ・る　→　って　　かう → かって ぬ・む・ぶ　→　んで　　のむ → のんで く　　　　　→　いて　　きく → きいて ぐ　　　　　→　いで　　ぬぐ → ぬいで す　　　　　→　して　　はなす → はなして 【예외】いく → いって

| 확인하기 |

기본형	뜻	그룹	て형	기본형	뜻	그룹	て형
読む	읽다	1		来る	오다	3	
寝る	자다	2		行く	가다	1	
勉強する	공부하다	3		話す	이야기하다	1	
作る	만들다	1		遊ぶ	놀다	1	
帰る	돌아가다	1		教える	가르치다	2	

02 【て형】 ~하고/~해서

» する 하다 → して 하고/해서 / 来る 오다 → 来て 오고/와서

» 見る 보다 → 見て 보고/봐서 / 寝る 자다 → 寝て 자고/자서

» 乗る 타다 → 乗って 타고/타서 / 帰る 돌아가다 → 帰って 돌아가고/가서

| 예문 |

❶ 友達に 会って 話しました。

친구를 만나서 이야기했습니다.

❷ 明日、レポートを 書いて 先生に 出します。

내일 리포트를 쓰고 선생님에게 낼 겁니다.

❸ 図書館に 行って 本を 読みましょう。

도서관에 가서 책을 읽읍시다.

❹ 電車に 乗って 友達の 家へ 行きます。

전철을 타고 친구 집으로 갑니다.

❺ 学校に 来て ごはんを 食べて コーヒーを 飲んで 勉強しました。

학교에 와서 밥을 먹고 커피를 마시고 공부했습니다.

▶ **낱말과 표현**

乗る 타다 | 話す 이야기하다 | **レポート** 리포트 | 出す 내다 | 電車 전철

て형 활용 연습

기본형	뜻	그룹	て형
買う	사다		
使う	사용하다		
待つ	기다리다		
持つ	가지다		
乗る	타다		
走る	달리다		
帰る	돌아가다, 돌아오다		
死ぬ	죽다		
住む	살다		
休む	쉬다		
遊ぶ	놀다		
働く	일하다		
聞く	듣다		
脱ぐ	벗다		
行く	가다		
話す	이야기하다		
教える	가르치다		
寝る	자다		
着る	입다		
食べる	먹다		
する	하다		
来る	오다		

て형 활용 연습(정답)

기본형	뜻	그룹	て형
買う	사다	1	買って
使う	사용하다	1	使って
待つ	기다리다	1	待って
持つ	가지다	1	持って
乗る	타다	1	乗って
走る	달리다	1	走って *예외 1그룹
帰る	돌아가다, 돌아오다	1	帰って *예외 1그룹
死ぬ	죽다	1	死んで
住む	살다	1	住んで
休む	쉬다	1	休んで
遊ぶ	놀다	1	遊んで
働く	일하다	1	働いて
聞く	듣다	1	聞いて
脱ぐ	벗다	1	脱いで
行く	가다	1	行って
話す	이야기하다	1	話して
教える	가르치다	2	教えて
寝る	자다	2	寝て
着る	입다	2	着て
食べる	먹다	2	食べて
する	하다	3	して
来る	오다	3	来て

▶ 아래 예와 같이 문장을 완성해 봅시다.

예)

友達_{ともだち}に 会_あう
コーヒーを 飲_のむ
カラオケに 行_いく

A 昨日_{きのう}は 何_{なに}を しましたか。 어제는 무엇을 했습니까?

B 友達_{ともだち}に 会_あって、コーヒーを 飲_のんで、

カラオケに 行_いきました。

친구를 만나 커피를 마시고 노래방에 갔습니다.

❶
電車_{でんしゃ}に 乗_のる
空港_{くうこう}に 行_いく
アルバイトを する

A 今日_{きょう}は 何_{なに}を しますか。

B _____

_____

❷
映画_{えいが}を 見_みる
食事_{しょくじ}を する
家_{いえ}に 帰_{かえ}る

A 昨日_{きのう}の 夜_{よる}は 何_{なに}を しましたか。

B _____

_____

❸
朝_{あさ}、起_おきる
顔_{かお}を 洗_{あら}う
服_{ふく}を 着_きる

A 毎朝_{まいあさ}、何_{なに}を しますか。

B _____

_____

▶ **낱말과 표현**

カラオケ 노래방 ┃ 空港_{くうこう} 공항 ┃ **アルバイト** 아르바이트 ┃ 食事_{しょくじ} 식사 ┃ 毎朝_{まいあさ} 매일 아침 ┃ 顔_{かお} 얼굴 ┃ 洗_{あら}う 씻다 ┃ 服_{ふく} 옷 ┃
着_きる 입다

▶ 주어진 질문에 예와 같이 대답해 봅시다.

① 昨日は 何を しましたか。(て형을 사용할 것)

예) 家に 帰って ゲームを しました。

_____

② 今日は 何を しますか。(て형을 사용할 것)

예) 友達に 会って 一緒に 遊びます。

_____

③ いつも 週末は 何を しますか。(て형을 사용할 것)

예) 図書館へ 行って 本を 読みます。

_____

④ どうやって 学校へ 来ますか。(て형을 사용할 것)

예) バスに 乗って 学校へ 来ます。

_____

▶ 낱말과 표현

いつも 평소, 항상 | 週末 주말 | どうやって 어떻게

▶ 한국어 해석을 참고하여 밑줄 친 부분에 적절한 단어를 넣어 연습해 봅시다.

A ＿＿＿＿＿＿＿さん、昨日 何を しましたか。

B ＿＿＿＿＿＿に 行って(帰って)、＿＿＿＿＿＿＿＿ました。

　　＿＿＿＿＿＿＿＿さんは。

A 私は ＿＿＿＿＿＿＿＿て(で)、＿＿＿＿＿＿＿ました。

B いいですね。今日は 何を しますか。

A ＿＿＿＿＿＿に 行って(帰って)、＿＿＿＿＿＿ます。

　　＿＿＿＿＿＿さんは。

B ＿＿＿＿＿＿＿て(で)、＿＿＿＿＿＿＿ます。

A ＿＿＿＿＿＿ 씨, 어제 무엇을 했습니까?

B ＿＿＿＿＿＿에 가서(돌아와서) ＿＿＿＿＿＿～했습니다. ＿＿＿＿＿＿ 씨는요?

A 저는 ＿＿＿＿＿＿하고 ＿＿＿＿＿＿＿～했습니다.

B 좋겠네요. 오늘은 무엇을 할 겁니까?

A ＿＿＿＿＿＿에 가서 ＿＿＿＿＿＿～할 겁니다. ＿＿＿＿＿＿ 씨는요?

B ＿＿＿＿＿＿에 가서 ＿＿＿＿＿＿～할 겁니다.

朝 起きて……

Track 2-02-02

今日は 朝 起きて 運動を しました。家の 近くを 1時間くらい 歩きました。家に 帰って 朝ごはんを 食べました。卵と ソーセージを 焼いて 食べました。おいしかったです。それから バスに 乗って 学校に 来ました。

▶ [읽기 연습]을 참고하여 오늘 아침에 무엇을 했는지 써 봅시다.

_____

_____

_____

_____

_____

▶ **낱말과 표현**

運動 운동 | 起きる 일어나다 | 近く 근처 | 歩く 걷다 | 卵 달걀 | ソーセージ 소시지 | 焼く 굽다 |
おいしかった 맛있었다 | バス 버스

問題 1 ＿＿＿ の ことばは どう よみますか。①・②・③・④から いちばん いい ものを
ひとつ えらんで ください。

1 わたしは いつも 歩いて、がっこうに いきます。

① はいて　　　② あるいて　　　③ たたいて　　　④ はたらいて

2 きのうは ともだちに 会って、よるまで あそびました。

① あって　　　② かって　　　③ たって　　　④ まって

問題 2 （　　）に なにを いれますか。①・②・③・④から いちばん いい ものを ひとつ
えらんで ください。

3 昼ごはんは 自分で （　　） 食べます。

① 作りて　　　② 作るて　　　③ 作って　　　④ 作んで

4 毎日 （　　） 会社へ いきます。

① 運転すて　　　② 運転しんで　　　③ 運転しって　　　④ 運転して

問題 3 ＿★＿ に はいる ものは どれですか。①・②・③・④から いちばん いい ものを
ひとつ えらんで ください。

5 きのうは ＿＿＿ ＿＿＿ ＿★＿ ＿＿＿ かりました。

① 行って　　　② 本を　　　③ 図書館へ　　　④ 学校の

일본 문화 탐방

▶ 沖縄 오키나와
<small>おきなわ</small>

● 개요

일본 남서부에 위치한 섬. 1년 내내 따뜻한 기후로 4월에도 바다에서 수영을 즐길 수 있다. 바다의 푸른 투명도와 색감은 아시아에서도 손꼽힐 만하다.

역사적 지리적 배경으로 하여 기타 일본 지역과는 다른 독특한 문화를 간직하고 있다. 일본 내국민뿐만 아니라 외국에서도 많은 관광객이 방문한다.

코끼리 형상을 한 오키나와의 해안 절경

류큐 왕국의 왕이 살았던 슈리성

● 美ら海水族館 추라우미 수족관
<small>ちゅ うみすいぞくかん</small>

추라우미란 오키나와 말로 '맑은 바다'라는 뜻이다. 이 수족관에서는 그 이름대로 맑은 바다의 아름다움을 느낄 수 있다. 특히 '구로시오의 바다'라 불리는 수조는 세계에서도 큰 크기를 자랑하며 상어나 가오리 같은 큰 해양생물이 헤엄치는 모습을 마음껏 즐길 수 있다.

● 沖縄そば 오키나와 소바
<small>おきなわ</small>

보통 '소바'는 메밀가루로 만들지만 오키나와 소바는 밀가루로 만든 면을 사용한다. 국물을 내는 재료는 돼지 뼈와 가쓰오부시를 사용하기 때문에 맑으며, 면 이외에 고기나 파, 어묵 등이 들어간다.

또 '소키 소바'라고 하는 소바는 국물을 내는 재료나 면은 오키나와 소바와 같지만 안에 소키(뼈 있는 고기)가 들어 가는 특징이 있다.

▶ 仙台 센다이

◉ 개요

도쿄에서 북동쪽으로 350km 떨어진 북쪽 최대의 지방도시이다.

번화가에는 고층 빌딩이나 근대적 건물이 늘어서 있지만 조금만 교외로 나가면 산, 강, 바다 등의 아름다운 경관이 펼쳐지는 멋진 도시이다. 또 시내에도 가로수가 많이 정비되어 있어 '숲의 도시'라고 불리기도 한다.

매년 8월 동북 3대 축제의 하나인 센다이 칠석제가 개최되어 많은 관광객들이 방문한다.

◉ 牛タン 소혀

소혀는 일본 전국 각지에서 먹을 수 있지만 센다이는 그 본고장으로 알려져 있다. 소혀 자체에 거부감을 느끼는 사람도 있지만 한 번 먹으면 중독이 될 정도로 맛있는 음식이다.

시내에는 수많은 음식 가게가 있지만 센다이의 대표 음식은 '소혀 구이', '보리밥', '꼬리곰탕'이 세트요리로 되어 있다.

◉ ニッカウヰスキー宮城峡蒸溜所
닛까 위스키 미야기협 증류소

일본을 대표하는 양주 회사 '닛까 위스키'는 일본 내에 증류소 두 개를 가지고 있다. 그 중의 하나가 이곳에 있다. 싱글카스크라고 불리는 최고급 위스키는 이곳에서만 구입할 수 있다.

예약을 하면 공장 견학이 가능하다. 위스키 제조 공정을 견학한 뒤 시음이나 쇼핑을 즐길 수도 있다.

◀ 센다이 역 부근의 정경

미야기협 증류소

乗(の)り物(もの) 탈것

バス
버스

電車(でんしゃ)
전철

地下鉄(ち か てつ)
지하철

モノレール
모노레일

新幹線(しんかんせん)*
신칸센

タクシー
택시

飛行機(ひ こう き)
비행기

船(ふね)
배

自動車(車)(じ どうしゃ くるま)
자동차

自転車(じ てんしゃ)
자전거

バイク
오토바이

人力車(じんりきしゃ)
인력거

* 일본의 고속철도

漫画を 読んで います。
まんが よ

만화를 읽고 있습니다.

point

Track 2-03-01

井上 もしもし、ソさん。今 忙しいですか。

徐 暇です。家で 漫画を 読んで います。

井上 じゃあ、私の 家に 遊びに 来ませんか。

徐 いいですね。井上さんの 家は どこですか。

井上 私は 新村に 住んで います。

徐 わかりました。すぐに 行きます。

▶ **낱말과 표현**

忙しい 바쁘다 | **暇だ** 한가하다 | **漫画** 만화 | **読む** 읽다 | **遊ぶ** 놀다 | **新村** 신촌 | **住む** 살다 |

わかりました 알겠습니다 | **すぐに** 바로

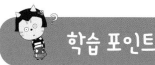
01 【て형】います ～하고 있습니다(진행)

>> 食べる 먹다 → 食べて います 먹고 있습니다

>> 聞く 듣다 → 聞いて います 듣고 있습니다

>> する 하다 → して いません 하고 있지 않습니다

Tip

'진행'이란 어떤 동작이나 현상이 지금 막 진행 중이라는 것을 나타내는 용법입니다.

| 예문 |

❶ スマートフォンで 音楽を 聞いて います。

  스마트폰으로 음악을 듣고 있습니다.

❷ 父は 電話を かけて います。

  아버지는 전화를 걸고 있습니다.

❸ 去年から 日本語を 勉強して います。

  작년부터 일본어를 공부하고 있습니다.

❹ 姉は 今 仕事を して いません。

  누나(언니)는 지금 일을 하고 있지 않습니다.

❺ 今、友達と 遊んで います。

  지금 친구와 놀고 있습니다.

▶ **낱말과 표현**

スマートフォン 스마트폰 | 父 아버지 | 電話 전화 | かける 걸다 | 去年 작년 | 勉強する 공부하다 | 姉 누나, 언니 |
仕事 일

02 【て형】います ~하고 있습니다(상태)

» 知る 알다 → 知って います 알고 있습니다

» 持つ 가지다 → 持って います 가지고 있습니다

| 예문 |

❶ どこに 住んで いますか。어디에 살고 있습니까?

新村に 住んで います。 신촌에 살고 있습니다.

❷ パソコンを 持って いますか。컴퓨터를 가지고 있습니까?

はい、持って います。 네, 가지고 있습니다.

いいえ、持って いません。 아니요, 가지고 있지 않습니다.

❸ 中村さんを 知って いますか。나카무라 씨를 알고 있습니까?

はい、知って います。 네, 알고 있습니다.

いいえ、知りません。 아니요, 모릅니다.

❹ 結婚して いますか。결혼했습니까?

はい、して います。 네, 했습니다.

いいえ、して いません。 아니요, 하지 않았습니다.

> **Tip**
>
> '상태'란 어떤 동작이나 현상의 결과가 계속 이어지는 상태를 나타내는 용법입니다.

> **Tip**
>
> '~を 知って いますか(~을/를 알고 있습니까)'에 대해서는 '네 知っています(네 알고 있습니다)' 또는 'いいえ 知りません(아니요 모릅니다)'으로 대답합니다. 이때 'いいえ 知って いません'이라고 하면 잘못된 표현이 됩니다.

> **Tip**
>
> '결혼했습니다'라고 말할 때는 일본어로는 '結婚して います'라고 합니다. '~て いる'가 '~하고 있다'이기 때문에 직역하면 '결혼하고 있습니다'가 돼 이상한 표현처럼 느껴지겠지만 이것이 맞는 표현입니다. 결혼을 하고 그 결혼을 한 상태가 계속 이어지기 때문에 이런 표현을 씁니다.

▶ **낱말과 표현**

持つ 가지다 ┃ 知る 알다 ┃ 結婚する 결혼하다

▶ 옷차림 표현

帽子を かぶって います。

眼鏡を かけて います。

ジャケットを 着て います。

ズボンを はいて います。

靴を はいて います。

동사	해당 동사를 사용할 수 있는 의복이나 착용구
かぶる	帽子 모자　ヘルメット 헬멧
かける	眼鏡 안경　サングラス 선글라스
着る	服 옷　シャツ 셔츠　ジャケット 재킷　コート 코트
	セーター 스웨터　ワンピース 원피스　パーカー 후드티
	タンクトップ 러닝　フリース 후리스
はく	ズボン 바지　スカート 치마　ストッキング 스타킹　タイツ 타이츠
	靴下 양말　靴 신발, 구두　レギンス 레깅스　ジーンズ 청바지
する	腕時計 손목시계　ネクタイ 넥타이　ピアス 피어싱
	イヤリング 귀고리　ネックレス 목걸이
持つ	かばん 가방

Tip

한국어로는 옷을 착용할 때는 '셔츠를 입다' '바지를 입다' 처럼 '입다'라는 동사 한 가지만 사용하지만 일본어로 말할 때는 '着る'와 'はく'라는 두 가지 동사를 써야 합니다. 상반신에 착용하는 옷에는 '着る', 하반신에 착용하는 옷이나 양말, 신발에는 'はく'를 사용합니다.

▶ 아래 예와 같이 문장을 완성해 봅시다.

예)

A 今、何を して いますか。 지금 무엇을 하고 있습니까?

B 勉強して います。 공부하고 있습니다.

❶

A 今、何を して いますか。

B _____。

❷

A 今、何を して いますか。

B _____。

❸

A 今、何を して いますか。

B _____。

❹

A 今、何を して いますか。

B _____。

▶ 낱말과 표현

レポート 리포트 | 書く 쓰다 | 車 자동차 | 運転 운전 | バス 버스 | 乗る 타다

▶ 아래 예와 같이 문장을 완성해 봅시다.

예)

帽子を　かぶって います。　모자를 쓰고 있습니다.

Tシャツを　着て います。　T셔츠를 입고 있습니다.

半ズボンを　はいて います。　반바지를 입고 있습니다.

サンダルを　はいて います。　샌들을 신고 있습니다.

❶

眼鏡を ＿＿＿＿＿＿＿＿＿＿＿＿＿。

ジャケットを ＿＿＿＿＿＿＿＿＿＿＿＿＿。

スカートを ＿＿＿＿＿＿＿＿＿＿＿＿＿。

ブーツを ＿＿＿＿＿＿＿＿＿＿＿＿＿。

❷

サングラスを ＿＿＿＿＿＿＿＿＿＿＿＿＿。

スーツを ＿＿＿＿＿＿＿＿＿＿＿＿＿。

ネクタイを ＿＿＿＿＿＿＿＿＿＿＿＿＿。

黒い 靴を ＿＿＿＿＿＿＿＿＿＿＿＿＿。

▶ 낱말과 표현

帽子 모자 ｜ Tシャツ T셔츠 ｜ 半ズボン 반바지 ｜ サンダル 샌들 ｜ かぶる (모자를) 쓰다 ｜ はく 입다, 신다 ｜
着る 입다 ｜ 眼鏡 안경 ｜ かける (안경을) 쓰다 ｜ ジャケット 재킷 ｜ スカート 치마 ｜ ブーツ 부츠 ｜
サングラス 선글라스 ｜ スーツ 양복 ｜ ネクタイ 넥타이 ｜ 黒い 검다 ｜ 靴 신발, 구두

▶ 주어진 질문에 예와 같이 대답해 봅시다.

① 今、何を して いますか。

예) 日本語の 授業を 受けて います。

_____

② どこに 住んで いますか。

예) 仁川に 住んで います。

_____

③ 結婚して いますか。

예) いいえ、結婚して いません。

_____

④ 今、どんな 服を 着て いますか。

예) ワンピースを 着て います。

_____

▶ 낱말과 표현

受ける 받다 | 仁川 인천 | 今 지금 | どんな 어떤

44

▶ 한국어 해석을 참고하여 밑줄 친 부분에 적절한 단어를 넣어 연습해 봅시다.

A もしもし、＿＿＿＿さん、今 忙しいですか。

B 暇です。＿＿＿＿＿＿＿＿＿＿＿＿＿。

A じゃあ、私の 家に 遊びに 来ませんか。

B いいですね。＿＿＿＿＿さんの 家は どこですか。

A 私は ＿＿＿＿＿＿に ＿＿＿＿＿＿＿＿＿＿＿＿。

B わかりました。すぐに 行きます。

A 여보세요, ＿＿＿＿ 씨, 지금 바쁩니까?

B 한가합니다. ＿＿＿＿＿＿＿ (~하고 있습니다).

A 그럼, 저의 집에 놀러 오지 않겠습니까?

B 좋네요. ＿＿＿＿＿＿＿ 씨 집은 어디입니까?

A 저는 ＿＿＿＿＿＿ 에 ＿＿＿＿＿＿＿＿＿＿＿.

B 알겠습니다. 바로 가겠습니다.

私の 家族

Track 2-03-02

私は 父と 母と 姉と 私の 4人家族です。

父は 公務員です。市役所で 働いて います。趣味は 英語です。毎日 英会話スクールに 通って います。

母は デパートで アルバイトを して います。最近は 毎朝 早く 起きて 車の 運転を 習って います。

姉は 会社員です。ソウルに 一人で 住んで います。まだ 結婚して いません。

私は 大学生です。釜山の 大学に 通って います。観光経営学科で 勉強して います。試験が 近いので、毎日 専攻の 本を 読んで います。

▶ **낱말과 표현**

公務員 공무원 | 市役所 시청 | 働く 일하다 | 英語 영어 | 毎日 매일 | 英会話スクール 영어회화 학원 | 通う 다니다 |

デパート 백화점 | アルバイト 아르바이트 | 最近 최근 | 毎朝 매일 아침 | 早く 일찍 | 起きる 일어나다 |

習う 배우다 | 会社員 회사원 | ソウル 서울 | 一人で 혼자서 | 住む 살다 | まだ 아직 | 結婚 결혼 |

観光経営学科 관광경영학과 | 試験 시험 | 近い 가깝다 | ~ので ~이기 때문에 | 専攻 전공

▶ [읽기 연습]을 참고하여 자신의 가족이 어떻게 사는지 써 봅시다.

問題 1 (　　　)に なにを いれますか。①・②・③・④から いちばん いい ものを ひとつ えらんで ください。

1 木村さんは 赤い 帽子を (　　　) います。

① きて　　　　② はいて　　　③ かけて　　　④ かぶって

2 私の 友だちは 高校で 英語を (　　　) います。

① 教えて　　　② 教えって　　③ 教えりて　　④ 教えんで

3 A「失礼ですが、結婚して いますか。」

B「はい、結婚(　　　)。」

① します　　　② しました　　③ して います　④ して いました

4 A「山田さんの 電話番号を 知って いますか。」

B「いいえ、(　　　)。」

① しりません　　　　　　② しって いません

③ しりませんでした　　　④ しって いませんでした

問題 2 ＿＿＿＿ の ぶんと だいたい おなじ いみの ぶんが あります。①・②・③・④から
いちばん いい ものを ひとつ えらんで ください。

5 私は 学校で 仕事を して います。

① 私は 学校で 寝て います。

② 私は 学校で 働いて います。

③ 私は 学校で 遊んで います。

④ 私は 学校で 事件を 起こして います。

旅行 <ruby>여행<rt>りょこう</rt></ruby>

旅行 여행

ホテル
호텔

旅館*
<ruby>りょかん<rt></rt></ruby>
여관

ゲストハウス
게스트하우스

シングル
싱글

ダブル
더블

ツイン
트윈

チェックイン
체크인

チェックアウト
체크아웃

温泉
<ruby>おんせん<rt></rt></ruby>
온천

一日乗車券
<ruby>いちにちじょうしゃけん<rt></rt></ruby>
1일 승차권

駅弁
<ruby>えきべん<rt></rt></ruby>
역 도시락

切符売場
<ruby>きっぷうりば<rt></rt></ruby>
매표소

* 다다미 방으로 구성된 일본의 전통적인 숙박시설.

遊びに 行っても いいですか。

あそ　い

놀러 가도 됩니까?

point

01 【て형】ください ~해 주세요/하세요

02 【て형】も いい ~해도 되다

회화 •• Dialogue

Track 2-04-01

木村 クォンさん、この 本 ちょっと 借りても いいですか。

権 はい、いいですよ。
でも、水曜日までに 返して ください。

木村 はい。わかりました。

権 水曜日、木村さんの 家に 遊びに 行っても いいですか。

木村 はい、いいですよ。
駅から バスに 乗って 来て ください。

権 はい。わかりました。

01 【て형】ください ～해 주세요/하세요

>> 教える 가르치다 → 教えて ください 가르쳐 주세요

>> 来る 오다 → 来て ください 와 주세요(오세요)

Tip

'～て ください'는 '～해 주세요'로 번역될 경우가 많지만 '～하세요'의 의미가 될 때도 있습니다.

| 예문 |

❶ 英語を 教えて ください。

　영어를 가르쳐 주세요.

❷ レポートを 出して ください。

　리포트를 내세요.

❸ 明日は 8時に 教室に 来て ください。

　내일은 8시에 교실에 오세요.

❹ ちょっと 待って ください。

　잠깐 기다려 주세요.

❺ ここで 車を 止めて ください。

　여기서 차를 세워 주세요.

❻ ゆっくり 話して ください。

　천천히 말해 주세요.

▶ **낱말과 표현**

英語 영어 ｜ 出す 내다 ｜ 教室 교실 ｜ 待つ 기다리다 ｜ ここ 여기 ｜ 車を 止める 차를 세우다 ｜ ゆっくり 천천히 ｜
話す 말하다

02 【て형】も いい ~해도 되다

>> 行く 가다 → 行っても いい 가도 되다

>> 食べる 먹다 → 食べても いい 먹어도 되다

| 예문 |

❶ トイレに 行っても いいですか。
화장실에 가도 됩니까?

❷ ここに 座っても いいですか。
여기에 앉아도 됩니까?

❸ この パソコンは 学生が 使っても いいです。
이 컴퓨터는 학생이 사용해도 됩니다.

❹ 明日 遊びに 行っても いいですか。
내일 놀러 가도 됩니까?

❺ 今日は 早く 帰っても いいですか。
오늘은 일찍 돌아가도 됩니까?

▶ **낱말과 표현**

トイレ 화장실 | 座る 앉다 | パソコン 컴퓨터 | 使う 사용하다, 쓰다

▶ 아래 예와 같이 문장을 완성해 봅시다.

예)

A 寒いです。 춥습니다.

B 服を 着て ください。 옷을 입으세요.

❶

A お金が ありません 。

B アルバイトを ＿＿＿＿＿＿＿＿＿＿＿＿＿＿ 。

❷

A 頭が 痛いです。

B 薬を ＿＿＿＿＿＿＿＿＿＿＿＿＿＿ 。

❸

A お腹が 痛いです 。

B 病院に ＿＿＿＿＿＿＿＿＿＿＿＿＿＿ 。

❹

A 日本で 就職したいです。

B ＿＿＿＿＿＿＿＿＿＿＿＿＿＿＿＿ 。

▶ 낱말과 표현

寒い 춥다 | 服 옷 | 着る 입다 | お金 돈 | 頭 머리 | 痛い 아프다 | 薬を 飲む 약을 먹다 | お腹 배 | 病院 병원 |
就職 취직 | がんばる 열심히 하다

▶ 아래 예와 같이 문장을 완성해 봅시다.

예)

내일
놀러 가다

A <u>明日 遊びに 行っても いいですか</u>。 내일 놀러 가도 됩니까?.

B₁ はい、いいですよ。 네, 좋습니다.

B₂ すみません、<u>明日は ちょっと</u>。 죄송합니다. 내일은 좀······.

❶

한국어
말하다

A _____。

B1 はい、いいですよ。

B2 すみません、_____。

❷

담배
피우다

A _____。

B1 はい、いいですよ。

B2 すみません、_____。

❸

여기
자다

A _____。

B1 はい、いいですよ。

B2 すみません、_____。

▶ **낱말과 표현**

話す 말하다, 이야기하다 | **たばこ** 담배 | **吸う** 피우다 | **寝る** 자다

56

▶ 주어진 질문에 예와 같이 대답해 봅시다.

① ちょっと 暑いです。(「～て ください」를 사용하며)

　　예) まどを 開けて ください。

_____

エアコンを つける
에어컨을 켜다
服を 脱ぐ 옷을 벗다
冷たい ものを 食べる
차가운 것을 먹다

② 最近 暇です。(「～て ください」를 사용하며)

　　예) 遊んで ください。

_____

勉強する 공부하다
本を 読む 책을 읽다
ボランティアを する
봉사활동을 하다
運動を する 운동을 하다

③ _____さんの 家で たばこを 吸っても いいですか。

　　예) はい、いいですよ。/すみません、家では ちょっと。

_____

④ _____さんに 夜の 12時に 電話しても いいですか。

　　예) はい、いいですよ。/すみません、12時は ちょっと。

_____

▶ 낱말과 표현

暑い 덥다 | まど 창문 | 開ける 열다 | 最近 최근 | 暇だ 한가하다 | 夜 밤 | ボランティア 봉사활동

▶ 한국어 해석을 참고하여 밑줄 친 부분에 적절한 단어를 넣어 연습해 봅시다.

A ＿＿＿＿さん、この 本^{ほん} ちょっと 借^かりても いいですか。

B はい、いいですよ。でも、＿＿＿＿＿までに 返^{かえ}して ください。

A はい、わかりました。

B ＿＿＿＿＿ ＿＿＿＿さんの 家^{いえ}に 遊^{あそ}びに 行^いっても いいですか。

A いいですよ。駅^{えき}から ＿＿＿＿＿ 来^きて ください。

B はい、わかりました。

A ＿＿＿＿＿ 씨, 이 책 좀 빌려도 됩니까?

B 네, 됩니다. 하지만 ＿＿＿＿까지 돌려 주세요.

A 네, 알겠습니다.

B ＿(언제?)＿ ＿＿＿＿ 씨 집에 놀러 가도 됩니까?

A 좋습니다. 역에서 ＿(교통 수단)＿ 오세요.

B 네, 알겠습니다.

58

日本<small>にほん</small>での マナー

 Track 2-04-02

Tip

'お土産<small>みやげ</small>'와 '프레젠트'는 한국어로 해석하면 둘 다 '선물'이지만 'お土産<small>みやげ</small>'는 여행에 가서 사 오는 토산품이나 남의 집에 방문할 때 가지고 가는 선물 등을 가리키고, '프레젠트'는 생일이나 기념일 때 전달하는 선물을 가리킵니다.

電車<small>でんしゃ</small>や バスの 中<small>なか</small>では 静<small>しず</small>かに して ください。電話<small>でんわ</small>は 駄目<small>だめ</small>です。メールは しても いいです。お年寄<small>としよ</small>りや 体<small>からだ</small>の 不自由<small>ふじゆう</small>な 人<small>ひと</small>には 席<small>せき</small>を 譲<small>ゆず</small>って ください。

飲食店<small>いんしょくてん</small>では、たばこを 吸<small>す</small>う 人<small>ひと</small>は 喫煙席<small>きつえんせき</small>に 座<small>すわ</small>って ください。喫煙席<small>きつえんせき</small>では たばこを 吸<small>す</small>っても いいです。でも、喫煙席<small>きつえんせき</small>が ない 店<small>みせ</small>も あります。

人<small>ひと</small>の 家<small>いえ</small>に 行<small>い</small>く ときは、お土産<small>みやげ</small>を 持<small>も</small>って 行<small>い</small>って ください。そして 「つまらない ものですが」と 言<small>い</small>って ください。高<small>たか</small>い ものでも 「つまらない ものですが」と 言<small>い</small>って ください。

▶ **낱말과 표현**

電車<small>でんしゃ</small> 전철 | 静<small>しず</small>かに 조용히 | 電話<small>でんわ</small> 전화 | 駄目<small>だめ</small>だ 안 되다 | メール 메일 | お年寄<small>としよ</small>り 노인 |
体<small>からだ</small>の 不自由<small>ふじゆう</small>な 人<small>ひと</small> 몸이 불편한 사람 | 席<small>せき</small> 자리 | 譲<small>ゆず</small>る 양보하다 | 飲食店<small>いんしょくてん</small> 음식점 | 喫煙席<small>きつえんせき</small> 흡연석 | ない 없다 |
人<small>ひと</small> 사람, 남 | お土産<small>みやげ</small> 선물 | 持<small>も</small>って 行<small>い</small>く 가지고 가다 | つまらない ものですが 변변치 않은 것입니다만 |
言<small>い</small>う 말하다 | 高<small>たか</small>い 비싸다

▶ [읽기 연습]을 참고하여 한국의 매너에 대해 써 봅시다.

❶ 전철이나 버스 안에서는……

❷ 음식점에서는……

❸ 남의 집에 방문할 때는……

問題1 ＿＿＿＿の ことばは どう よみますか。①・②・③・④から いちばん いい ものを
ひとつ えらんで ください。

1 あしたまでに レポートを 出して ください。

① たして　　　② だして　　　③ いだして　　　④ いづして

問題2 ＿＿＿＿の ことばは どう かきますか。①・②・③・④から いちばん いい ものを
ひとつ えらんで ください。

2 この ほん ちょっと かりても いいですか。

① 借りても　　② 仮りても　　③ 貸りても　　④ 返りても

問題3 （　　　）に なにを いれますか。①・②・③・④から いちばん いい ものを ひとつ
えらんで ください。

3 すみませんが、窓を（　　　）ください。

① 開くて　　　② 開けて　　　③ 開いて　　　④ 開きて

4 今日 学校を（　　　）いいですか。

① 体みて　　　② 休みて　　　③ 体んでも　　　④ 休んでも

5 A「ここで たばこを 吸っても いいですか。」

B「すみません、（　　　）ちょっと。」

① 吸っても　　② 吸っては　　③ たばこを　　④ ここでは

일본 문화 탐방

名古屋 _{なごや} 나고야

● 개요

도쿄, 요코하마, 오사카 다음으로 큰 전국 4위의 인구를 자랑하는 대도시. 중부 지방의 정치·경제·문화·교통의 중심지이다.

사카에·메이에키 번화가를 중심으로 지하상가 및 철도망도 잘 발달되어 있어 관광하기에 좋다.

나고야는 도쿄와 오사카 중간에 위치하여 눈에 띄지 않는 이미지가 있긴 하나 알고 보면 독특한 문화를 지닌 매력적인 도시이다.

나고야의 번화가에 위치한 오아시스21

나고야 성

● トヨタ産業技術記念館 _{さんぎょう ぎ じゅつ き ねんかん} 도요타 산업기술기념관

세계적으로 유명한 자동차 메이커 도요타를 비롯한 도요타그룹이 운영하는 기업의 박물관이 있다. '섬유 기계관'과 '자동차관' 두 개로 나누어진 각 시설은 '실을 짜고 천을 짜는 기술'과 '자동차의 원리와 개발·생산 기술'의 변천 과정을 상세하게 살펴볼 수 있도록 만들어져 있다.

● 味噌カツ _{み そ} 된장가쓰

돈가스 위에 된장을 기본으로 한 소스를 뿌려서 먹는 것을 가리킨다(일반적으로는 돈가스 소스를 뿌려 먹음).

요리 방법이 다양해 반찬의 하나로 먹을 때도 있고 가쓰돈(돈가스 덮밥)이나 가쓰샌드(돈가스 샌드위치)의 형태로 먹을 때도 있다.

神戸 こうべ 고베

● 개요

오사카에서 서쪽으로 약 35km에 위치한 고베시는 바다와 산에 둘러싸여 동서로 긴 시가지를 형성하고 있는 일본을 대표하는 항구 도시이다.

오래 전부터 해양운송업이 번창하여 외국과의 무역도 활발히 이루어졌다. 19세기에는 시내에 외국인이 거주하는 지역이 만들어지고 서양식 건물도 많이 지어져 현재 고베 시의 중요한 관광명소로 자리잡고 있다.

고베의 코트 타워와 고베항 전경

● 麻耶山 まやさん 마야산

고베 북부에 위치한 높이 702m의 산. 로프웨이를 타고 정상 부근의 기쿠세다이 전망대에 오르면 일본을 대표하는 야경 중 하나인 아름다운 고베의 야경을 감상할 수 있다. 고베 야경을 배경으로 프러포즈 받는 것은 고베에서 자란 소녀들의 꿈 중 하나이다.

● そばめし 소바메시

소바와 밥을 철판에 볶아 소스로 맛을 낸 볶음밥. 오코노미야키 가게에서 점심을 먹던 남자가 주인이 철판에 소바를 볶고 있는 것을 보고 "도시락 밥을 소바와 함께 볶아 달라"고 부탁한 것에서 탄생한 요리이다. 지금도 고베의 오코노미야키 가게에서는 남은 밥을 가져가면 소바와 함께 볶아 주는 곳도 있다.

▲ 마야산에서 내려다 본 고베의 야경

病院 병원
<small>びょう いん</small>

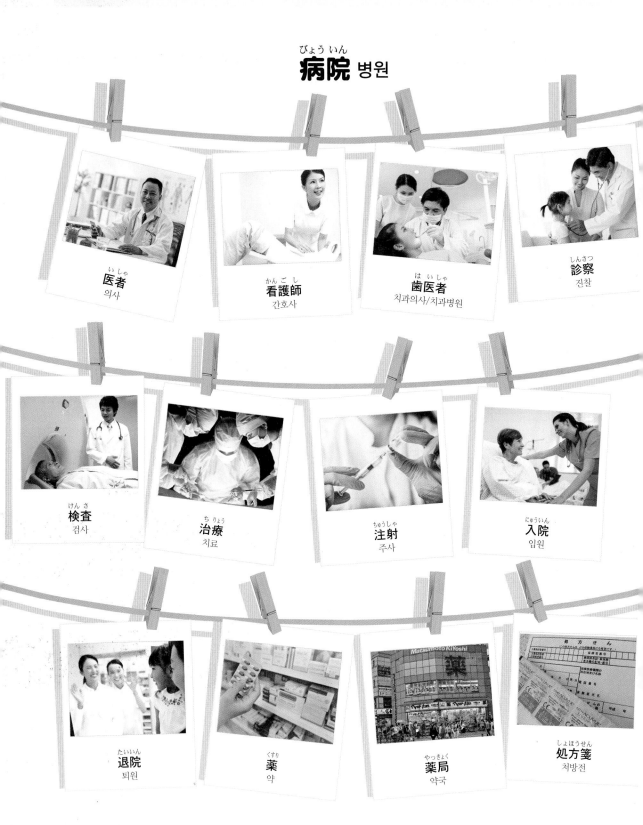

医者 <small>い しゃ</small>
의사

看護師 <small>かん ご し</small>
간호사

歯医者 <small>は い しゃ</small>
치과의사/치과병원

診察 <small>しん さつ</small>
진찰

検査 <small>けん さ</small>
검사

治療 <small>ち りょう</small>
치료

注射 <small>ちゅうしゃ</small>
주사

入院 <small>にゅういん</small>
입원

退院 <small>たいいん</small>
퇴원

薬 <small>くすり</small>
약

薬局 <small>やっきょく</small>
약국

処方箋 <small>しょほうせん</small>
처방전

日本に 行った ことが ありますか。
にほん　い

일본에 간 적이 있습니까?

point

회화 •• Dialogue

Track 2-05-01

清水　ハンさんは 日本に 行った ことが ありますか。

韓　　はい、あります。去年 沖縄に 行きました。

清水　すごいですね。私は 行った ことが ありません。

韓　　そうですか。

　　　じゃ、北海道に 行った ことは ありますか。

清水　いいえ、ありません。

　　　でも、来年 旅行に 行く つもりです。

韓　　いいですね。私も 行きたいです。

▶ **낱말과 표현**

去年 작년 | **すごい** 대단하다 | **来年** 내년 | **旅行に 行く** 여행을 가다 | **〜つもり** 〜할 생각/작정

66

01 동사 た형 활용

3그룹 동사	불규칙적인 활용을 하고 두 개만 있음. する → した、　くる → きた
2그룹 동사	る를 떼고 た를 붙인다. みる → みた、　たべる → たべた
1그룹 동사	끝의 글자에 따라 활용이 바뀐다. う・つ・る　→　った　　かう → かった ぬ・む・ぶ　→　んだ　　のむ → のんだ く　　　　　→　いた　　きく → きいた ぐ　　　　　→　いだ　　ぬぐ → ぬいだ す　　　　　→　した　　はなす → はなした 【예외】 いく → いった

Tip

'た형'의 활용 규칙은 'て형'의 활용 규칙과 같습니다. 즉 'て형'의 'て/で'를 'た/だ'로 바꾸면 'た형'이 됩니다. 'いく' 또한 た형에서도 예외가 되고 'いいた'가 아니라 'いった'가 됩니다.

| 확인하기 |

기본형	뜻	그룹	た형	기본형	뜻	그룹	た형
習^{なら}う	배우다	1		住^すむ	살다	1	
見^みる	보다	2		泊^とまる	숙박하다	1	
運動^{うんどう}する	운동하다	3		登^{のぼ}る	오르다	1	
行^いく	가다	1		教^{おし}える	가르치다	2	
思^{おも}う	생각하다	1		来^くる	오다	3	

02 【た형】 ことが ある ~한 적이 있다

» 見る 보다 → 見た ことが あります 본 적이 있습니다

» 食べる 먹다 → 食べた ことが ありません 먹은 적이 없습니다

Tip

'た형'은 과거를 나타냅니다. 또 'た형+명사'의 형태가 되면 '~한 【명사】'의 뜻이 되고 명사를 수식 하게 됩니다. 예를 들면 行った ところ(간 곳)' '会った 人(만난 사람)'와 같이 됩니다.

| 예문 |

❶ 日本の 映画を 見た ことが あります。

일본 영화를 본 적이 있습니다

❷ 納豆は 一度も 食べた ことが ありません。

낫토는 한 번도 먹은 적이 없습니다.

❸ 飛行機に 乗った ことが ありますか。

비행기를 탄 적이 있습니까?

❹ 韓国の 漫画を 読んだ ことが ありますか。

한국 만화를 읽은 적이 있습니까?

❺ 聞いた ことは ありますが、よく わかりません。

들은 적은 있지만 잘 모릅니다.

❻ ベトナム料理は 食べた ことが ありません。

베트남 요리는 먹은 적이 없습니다.

▶ **낱말과 표현**

納豆 낫토 | 一度 한 번 | 飛行機 비행기 | 漫画 만화 | 聞く 듣다 | ベトナム 베트남 | 料理 요리

た형 활용 연습

기본형	뜻	그룹	た형
買<ruby>う<rt>か</rt></ruby>	사다		
使<ruby>う<rt>つか</rt></ruby>	사용하다		
待<ruby>つ<rt>ま</rt></ruby>	기다리다		
持<ruby>つ<rt>も</rt></ruby>	가지다		
乗<ruby>る<rt>の</rt></ruby>	타다		
走<ruby>る<rt>はし</rt></ruby>	달리다		
帰<ruby>る<rt>かえ</rt></ruby>	돌아가다, 돌아오다		
死<ruby>ぬ<rt>し</rt></ruby>	죽다		
住<ruby>む<rt>す</rt></ruby>	살다		
休<ruby>む<rt>やす</rt></ruby>	쉬다		
遊<ruby>ぶ<rt>あそ</rt></ruby>	놀다		
働<ruby>く<rt>はたら</rt></ruby>	일하다		
聞<ruby>く<rt>き</rt></ruby>	듣다		
脱<ruby>ぐ<rt>ぬ</rt></ruby>	벗다		
行<ruby>く<rt>い</rt></ruby>	가다		
話<ruby>す<rt>はな</rt></ruby>	이야기하다		
教<ruby>える<rt>おし</rt></ruby>	가르치다		
寝<ruby>る<rt>ね</rt></ruby>	자다		
着<ruby>る<rt>き</rt></ruby>	입다		
食<ruby>べる<rt>た</rt></ruby>	먹다		
する	하다		
来<ruby>る<rt>く</rt></ruby>	오다		

た형 활용 연습(정답)

기본형	뜻	그룹	た형
買う	사다	1	買った
使う	사용하다	1	使った
待つ	기다리다	1	待った
持つ	가지다	1	持った
乗る	타다	1	乗った
走る	달리다	1	走った
帰る	돌아가다, 돌아오다	1	帰った
死ぬ	죽다	1	死んだ
住む	살다	1	住んだ
休む	쉬다	1	休んだ
遊ぶ	놀다	1	遊んだ
働く	일하다	1	働いた
聞く	듣다	1	聞いた
脱ぐ	벗다	1	脱いだ
行く	가다	1	行った
話す	이야기하다	1	話した
教える	가르치다	2	教えた
寝る	자다	2	寝た
着る	입다	2	着た
食べる	먹다	2	食べた
する	하다	3	した
来る	오다	3	来た

▶ 아래 예와 같이 문장을 완성해 봅시다.

예)

<table>
<tr><td rowspan="2">일본
가다</td><td>A <u>日本に 行った ことが ありますか。</u></td></tr>
<tr><td>일본에 간 적이 있습니까?

B はい、あります。 / いいえ、ありません。
네, 있습니다. / 아니요, 없습니다.</td></tr>
</table>

❶ 우메보시
먹다

A _____

B はい、あります。 / いいえ、ありません。

❷ 연예인
만나다

A _____

B はい、あります。 / いいえ、ありません。

❸ 일본 사람
말하다

A _____

B はい、あります。 / いいえ、ありません。

❹ 외국
가다

A _____

B はい、あります。 / いいえ、ありません。

▶ **낱말과 표현**

梅干し 매실 장아찌 | 芸能人 연예인 | 話す 말하다 | 外国 외국

▶ 주어진 질문에 예와 같이 대답해 봅시다.

① 日本に 行った ことが ありますか。

예) はい、あります。 / いいえ、ありません。

_____

② 芸能人に 会った ことが ありますか。

예) はい、あります。 / いいえ、ありません。

_____

③ 일본인에게 한국에서 어떤 경험이 있는지 물어봅시다.

예1) トッポッキを 食べた ことが ありますか。

예2) 明洞に 行った ことが ありますか。

_____

▶ **낱말과 표현**

トッポッキ 떡볶이 | 明洞 명동

▶ 한국어 해석을 참고하여 밑줄 친 부분에 적절한 단어를 넣어 연습해 봅시다.

A ＿＿＿＿＿＿＿＿さんは＿＿＿＿＿＿＿＿ ことが ありますか。

B ＿＿＿＿＿＿＿＿＿＿＿＿＿＿＿。

A 私は/私も ＿＿＿＿＿＿＿＿＿＿＿＿＿ ことが ありません。

B そうですか。じゃあ、＿＿＿＿＿＿＿＿ ことは ありますか。

A ＿＿＿＿＿＿＿＿＿＿＿＿＿＿＿＿＿。

B ＿＿＿＿＿＿＿＿＿＿＿＿＿＿＿＿＿＿＿＿＿＿＿。

A ＿＿＿＿＿＿ 씨는 (자신이 하지 않은 경험/~한) 적이 있습니까?

B ＿＿네, 있습니다 / 아니요, 없습니다＿＿ .

A 저는/저도 ＿＿＿＿＿＿＿＿＿ 적이 없습니다.

B 그렇습니까? 그럼 ＿＿＿＿＿＿＿＿ (~한) 적은 있습니까?

A ＿＿네, 있습니다 / 아니요, 없습니다＿＿ .

B ＿＿＿＿＿＿＿＿＿ (자유롭게 대답) ＿＿＿＿＿＿＿ .

珍しい 経験

Track 2-05-02

私は ヘリコプターに 乗った ことが あります。オーストラリアへ 旅行に 行った ときに 乗りました。とても 面白かったですが、怖かったです。そして、料金も とても 高かったです。

カエルの 肉を 食べた ことが あります。メキシコ料理の 店に 行った ときに 食べました。カエルの 足を 油で 揚げた もので したが、思ったより おいしかったです。

ジャッキー・チェンに 会った ことが あります。デパートの レストランで ごはんを 食べて いました。私は 勇気を 出して、「ハロー」と 言いました。ジャッキー・チェンも 「ハロー」と 言いました。

▶ 낱말과 표현

珍しい 드물다 | 経験 경험 | ヘリコプター 헬리콥터 | 乗る 타다 | オーストラリア 호주 | 旅行に 行く 여행을 가다 | 面白い 재미있다 | ~が ~지만 | 怖い 무섭다 | そして 그리고 | 料金 요금 | 高い 비싸다 | カエル 개구리 | 肉 고기 | メキシコ料理 멕시코 요리 | 店 가게 | 足 다리 | 油 기름 | 揚げる 튀기다 | もの 것 | 思ったより 생각보다 | おいしい 맛있다 | ジャッキー・チェン 성룡 | デパート 백화점 | レストラン 레스토랑 | 勇気を 出す 용기를 내다 | ハロー 헬로 | 言う 말하다

쓰기 연습 ·· Writing

▶ [읽기 연습]을 참고하여 자신의 색다른 경험에 대해 써 봅시다.

問題 1 ＿＿＿＿の ことばは どう よみますか。①・②・③・④から いちばん いい ものを
ひとつ えらんで ください。

1 わたしは にほんに 住んだ ことが あります。

① かんだ　　　　② もんだ　　　　③ とんだ　　　　④ すんだ

2 らいねん、旅行に いく つもりです。

① ろこう　　　　② よこう　　　　③ りゅこう　　　　④ りょこう

問題 2 （　　　）に なにを いれますか。①・②・③・④から いちばん いい ものを ひとつ
えらんで ください。

3 私は オーストラリアに 行った （　　　）が あります。

① の　　　　　　② もの　　　　　③ こと　　　　　④ ころ

4 私は 昨日 初めて 歌舞伎を （　　　）。

① 見ました　　　　　　　　　② 見て います

③ 見た ことが あります　　　④ 見た ことが ありました

問題3 つぎの ことばの つかいかたで いちばん いい ものを ①・②・③・④から ひとつ
えらんで ください。

5　一度（いちど）も

① 肉（にく）を 一度（いちど）も 食（た）べたいです。

② この 映画（えいが）を 一度（いちど）も 見（み）ましょう。

③ 一度（いちど）も お酒（さけ）を 飲（の）んだ ことが あります。

④ 田中（たなか）さんには 一度（いちど）も 会（あ）った ことが ありません。

病気・風邪の 症状 병·감기의 증상

頭が 痛い
머리가 아프다

お腹が 痛い
배가 아프다

喉が 痛い
목이 아프다

熱が 出る
열이 나다

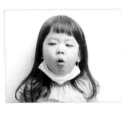
咳が 出る
기침이 나다

鼻水が 出る
콧물이 나다

鼻が 詰まる
코가 막히다

下痢を する
설사를 하다

吐き気が する
메스껍다

寒気が する
오한이 나다

めまいが する
어지럽다

ぼうっと する
멍해지다

少し ピアノが 弾けます。

すこ
ひ

피아노를 조금 칠 수 있습니다.

point

Track 2-06-01

中村 林さんは 何か 楽器が できますか。

林 少し ピアノが 弾けます。子供の 頃 習って いました。

中村 そうですか。私は ギターと ベースが できます。

林 中村さんは 料理が できますか。

中村 はい、できます。

日本料理なら 何でも 作る ことが できます。

林 そうですか。私は ラーメンしか 作れません。

▶ **낱말과 표현**

楽器 악기 │ **少し** 조금 │ **弾く** (현악기를) 치다, 켜다 │ **子供の 頃** 어릴 적 │ **習う** 배우다 │ **料理** 요리 │ **～なら** ～라면 │
作る 만들다 │ **～しか** ～밖에(뒤에 부정 표현이 옴)

80

01 동사 가능형 활용

3그룹 동사 (변격동사)	불규칙적인 활용. する → できる(할 수 있다)　くる → こられる(올 수 있다)
2그룹 동사 (1단동사)	る를 떼고 られる를 붙인다. みる → みられる(볼 수 있다) たべる → たべられる(먹을 수 있다)
1그룹 동사 (5단동사)	어미(u단)를 e단으로 바꾸고 る를 붙인다. いく → いける(갈 수 있다)　のむ → のめる(마실 수 있다) つくる → つくれる(만들 수 있다)

Tip

가능형은 모두 2그룹 동사로 활용합니다.

いく(1그룹)
↓
いける(2그룹)
↓
いけます(갈 수 있습니다)

| 확인하기 |

기본형	뜻	그룹	가능형	기본형	뜻	그룹	가능형
買う	사다	1		泳ぐ	수영하다	1	
着る	입다	2		来る	오다	3	
待つ	기다리다	1		走る	달리다	1	
する	하다	3		働く	일하다	1	
読む	읽다	1		食べる	먹다	2	

Tip

가능형을 사용할 때는 조사 を가 が로 바뀝니다.(예외 있음) 水を 飲む(물을 마시다), 運転を する(운전을 하다) 등이 水が 飲める(물을 마실 수 있다), 運転が できる(운전을 할 수 있다)와 같이 됩니다.

| 예문 |

❶ 私は 英語と スペイン語が 話せます。

　나는 영어와 스페인어를 말할 수 있습니다.

❷ この 雑誌は 韓国では 買えません。

　이 잡지는 한국에서는 살 수 없습니다.

Tip

2그룹 동사와 来る의 가능형은 원칙대로 활용하면 ら가 들어가지만, 젊은 세대를 중심으로 ら를 생략하는 형태로 쓰일 때가 많아졌습니다. 예로 見る, 食べる, 来る 등이 원래 형태인 見られる, 食べられる, 来られる가 아니라 見れる, 食べれる, 来れる처럼 쓰이는 경우입니다.

▶ **낱말과 표현**

英語 영어 | スペイン語 스페인어 | 話す 말하다 | 雑誌 잡지 | 買う 사다

❸ 来週の 火曜日、10時までに 来られますか。

다음 주 화요일, 10시까지 올 수 있습니까?

❹ 若い 時は 100メートル 泳げました。

젊을 때는 100m 수영할 수 있었습니다.

02 【기본형】 ことが できる ~할 수 있다

≫ 作る 만들다
→ 作る ことが できる(できます) 만들 수 있다(있습니다)

≫ 教える 가르치다
→ 教える ことが できる(できます) 가르칠 수 있다(있습니다)

| 예문 |

❶ この 公園では 野球を する ことが できます。

이 공원에서는 야구를 할 수 있습니다.

❷ 日本では 二十歳 未満の 人は たばこを 吸う ことが できません。

일본에서는 20세 미만인 사람은 담배를 피울 수 없습니다.

❸ このスマートフォンは 日本でも 使う ことが できますか。

이 스마트폰은 일본에서도 사용할 수 있습니까?

❹ 韓国に 来る 前は 韓国語を 話す ことが できませんでした。

한국에 오기 전에는 한국어를 말할 수 없었습니다.

Tip

일본어의 가능 표현에는 가능형을 사용하는 방법과 【기본형】に 갖が できる'를 사용하는 방법 두 가지가 있는데, 거의 대부분의 경우에 서로 대체가 가능하며 뜻도 달라지지 않습니다.

▶ **낱말과 표현**

来週 다음 주 | 若い 젊다 | 泳ぐ 수영하다 | 公園 공원 | 野球 야구 | たばこを 吸う 담배를 피우다 |

スマートフォン 스마트폰 | 前 전, 앞

▶ 아래 예와 같이 문장을 완성해 봅시다.

예)

· 私^{わたし}は 10キロ ___走れます___ 。
저는 10km 달릴 수 있습니다.

· 私^{わたし}は 10キロ ___走る こと___ が できます。

① · 私^{わたし}は 英語^{えいご}が _____ 。
· 私^{わたし}は 英語^{えいご}を _____ が できます。

② · 私^{わたし}は エクセルが _____ 。
· 私^{わたし}は エクセルを _____ が できます。

③ · 私^{わたし}は 自転車^{じてんしゃ}に _____ 。
· 私^{わたし}は 自転車^{じてんしゃ}に _____ が できます。

④ · 私^{わたし}は 数学^{すうがく}が _____ 。
· 私^{わたし}は 数学^{すうがく}を _____ が できます。

▶ 낱말과 표현

エクセル 엑셀 │ 使^{つか}う 사용하다 │ 自転車^{じてんしゃ} 자전거 │ 乗^のる 타다 │ 数学^{すうがく} 수학 │ 教^{おし}える 가르치다

▶ 아래 예와 같이 문장을 완성해 봅시다.

예)

A 100メートル 泳げますか。 100m 수영할 수 있습니까?

B はい、泳げます／いいえ、泳げません。

네, 수영할 수 있습니다 / 아니요, 수영할 수 없습니다.

❶ A バイクの 運転が できますか。

B _____ 。

❷ A 辛い ものが 食べられますか。

B _____ 。

❸ A バスの 中で 寝られますか。

B _____ 。

❹ A 一人で 旅行できますか。

B _____ 。

▶ 낱말과 표현

バイク 오토바이 ｜ 辛い 맵다 ｜ 寝る 자다 ｜ 一人で 혼자서 ｜ 旅行 여행

▶ 주어진 질문에 예와 같이 대답해 봅시다.

① 楽器が できますか。

예) はい、ピアノが 弾けます。子供の 頃 習って いました。

_____

② 料理が できますか。

예) いいえ、全然 できません。カップラーメンなら 作れます。

_____

③ 外国語が できますか。

예) はい、日本語が 少し 話せます。でも 漢字は 読めません。

_____

▶ 낱말과 표현

全然 전혀 | **カップラーメン** 컵라면 | **漢字** 한자

▶ 한국어 해석을 참고하여 밑줄 친 부분에 적절한 단어를 넣어 연습해 봅시다.

A _____ さんは _____ 。

B _____ 。

A そうですか。 _____ 。

B _____ さんは _____ 。

A _____ 。

B そうですか。 _____ 。

A _____씨는 _____ ~할 수 있습니까?

B 네, ~할 수 있습니다 / 아니요, ~할 수 없습니다.

A 그렇습니까? 저는 / 저도…… _____.

B _____씨는 _____ ~할 수 있습니까?

A 네, ~할 수 있습니다 / 아니요, ~할 수 없습니다.

B 그렇습니까? 저는 / 저도…… _____.

得意_{とくい}なこと

私_{わたし}は 学校_{がっこう}の 勉強_{べんきょう}が あまり できませんでした。でも、外国語_{がいこくご}は 好_すきだった ので、一生懸命_{いっしょうけんめい} 勉強_{べんきょう}しました。それで、日本語_{にほんご}が 少_{すこ}し 話_{はな}せます。漢字_{かんじ}は 難_{むずか}しいですが、覚_{おぼ}える のは 好_すきです。あまり 書_かけませんが、読_よむ ことは できます。

また、私_{わたし}は パソコンが 得意_{とくい}です。基本的_{きほんてき}な ソフトは 大体_{だいたい} 使_{つか}えます。さまざまな 言語_{げんご}を 使_{つか}って、プログラムを 書_かく ことも できます。パソコンの 組_くみ立_たても できます。でも 最近_{さいきん}は スマートフォンを よく 使_{つか}います。昔_{むかし}は パソコンで やって いた ことも、今_{いま}は スマートフォンで 何_{なん}でも できます。

▶ **낱말과 표현**

得意_{とくい}だ 잘하다 | 外国語_{がいこくご} 외국어 | 一生懸命_{いっしょうけんめい} 열심히 | 覚_{おぼ}える 외우다 | あまり 별로, 그다지 | また 또한 |
パソコン 컴퓨터 | 基本的_{きほんてき}な 기본적인 | ソフト 소프트 | 大体_{だいたい} 대체로, 대개 | さまざまだ 여러 가지다 | 言語_{げんご} 언어 |
プログラム 프로그램 | 組_くみ立_たて 조립 | でも 하지만 | 最近_{さいきん} 최근, 요즘 | 昔_{むかし} 옛날 | やる 하다 | 何_{なん}でも 무엇이든지

▶ [읽기 연습]을 참고하여 자신이 잘하는 일에 대해 써 봅시다.

問題1 _____ の ことばは どう よみますか。①・②・③・④から いちばん いい ものを
ひとつ えらんで ください。

1 私は 運転が できません。

① うんどう　　　② うんてん　　　③ うんそう　　　④ うんせい

2 私の しゅみは ピアノを 弾く ことです。

① ほく　　　　② はく　　　　③ ふく　　　　④ ひく

問題2 (　　)に なにを いれますか。①・②・③・④から いちばん いい ものを ひとつ
えらんで ください。

3 私は フランス語が (　　　　)。

① よみます　　　② よめます　　　③ のみます　　　④ のめます

4 ゆうびんきょくでは 手紙を (　　　) が できます。

① おくる　　　② おくれる　　　③ おくること　　　④ おくれること

問題3 _____★ に はいる ものは どれですか。①・②・③・④から いちばん いい ものを
ひとつ えらんで ください。

5 しんかんせんの _____ ★ _____ _____が できます。

① こと　　　　② みる　　　　③ ふじさんを　　　④ なかから

楽器 악기

ピアノ
피아노

ギター
기타

バイオリン
바이올린

ドラム
드럼

ハーモニカ
하모니카

ベース
베이스

笛
피리

太鼓
북

弾く
(악기를) 치다, 켜다

叩く
(타악기를) 치다

吹く
불다

演奏する
연주하다

90

病院に 行かないと いけません。

びょう いん　　い

병원에 가야 합니다.

point

01 동사 ない형 활용

02 【ない형】で ~하지 않고

03 【ない형】と いけません ~해야 합니다

Track 2-07-01

呉 授業の 後、カラオケに 行きませんか。

加藤 いいですね。でも、今日は 病院に 行かないと いけません。

呉 明日は どうですか。

加藤 すみません。明日は 朝まで 寝ないで バイトを しないと いけません。

呉 あさっては どうですか。

加藤 すみません。あさっては 家に 帰って 掃除を しないと いけません。

呉 じゃあ、また 今度……。

▶ 낱말과 표현

授業 수업 | **後** 뒤, 후 | **カラオケ** 노래방 | **病院** 병원 | **でも** 하지만 | **バイト** 아르바이트 | **あさって** 모레 |
掃除 청소 | **また 今度** 다음에 또

01 동사 ない형 활용

3그룹 동사	불규칙적인 활용. する → しない, くる → こない
2그룹 동사	る를 떼고 ない를 붙인다. みる → みない, たべる → たべない
1그룹 동사	어미(u단)를 a단으로 바꾸고 ない를 붙인다. いく → いかない, のむ → のまない, つくる → つくらない ※ 단, う로 끝나는 동사는 あ가 아니라 わ로 바꾼다. かう → かわない, いう → いわない

> **Tip**
>
> 'ない형'은 부정의 의미를 나타내기 때문에 '부정형'이라고도 합니다.

| 확인하기 |

기본형	뜻	그룹	ない형	기본형	뜻	그룹	ない형
飲む	마시다	1		歩く	걷다	1	
寝る	자다	2		走る	달리다	1	
帰る	돌아가다	1		かける	뿌리다	2	
乗る	타다	1		来る	오다	3	
入れる	넣다	2		消す	끄다	1	

| 예문 |

❶ A コーヒー 飲む？ 커피 마실래?

　B ううん、飲まない。 아니, 안 마실래.

❷ A 明日、遊びに 行かない？ 내일 놀러 안 갈래?

　B うん、いいよ。 응, 좋아.

❸ もう 恋なんて しない。 이제 사랑 따위 안 할 거야.

▶ **낱말과 표현**

もう 이제, 벌써 │ 恋 사랑, 연애 │ 〜なんて 〜따위

02 【ない형】で ~하지 않고

>> 食べる 먹다 → 食べないで 먹지 않고

>> 行く 가다 → 行かないで 가지 않고

>> 見る 보다 → 見ないで 보지 않고

| 예문 |

❶ 毎日 朝ごはんを 食べないで 学校に 来ます。

매일 아침밥을 먹지 않고 학교에 옵니다.

❷ 今日は 学校に 行かないで 家で 勉強します。

오늘은 학교에 가지 않고 집에서 공부합니다.

❸ この歌は 歌詞を 見ないで 歌えます。

이 노래는 가사를 보지 않고 부를 수 있습니다.

❹ 宿題を 忘れないで ください。

숙제를 잊지 마세요.

❺ 来週は 遅れないで くださいね。

다음 주는 늦지 마세요.

> **Tip**
>
> ~ないで ください는 '~하지 말아 주세요/하지 마세요'의 뜻으로 사용됩니다.

> **Tip**
>
> ないで와 비슷한 표현으로 なくて가 있습니다. なくては 주로 이유・원인을 나타낸다는 점에서 ないで와 구별됩니다.
> 最近 犬が ごはんを 食べなくて 心配です。 요즘 개가 밥을 먹지 않아서 걱정입니다.

▶ **낱말과 표현**

毎日 매일 | 歌詞 가사 | 歌う (노래를) 부르다 | 宿題 숙제 | 忘れる 잊다 | 来週 다음 주 | 遅れる 늦다 | 心配 걱정

03　【ない형】と いけません ~해야 합니다

» 行く 가다 → 行かないと いけません 가야 합니다

» 食べる 먹다 → 食べないと いけません 먹어야 합니다

» する 하다 → しないと いけません 해야 합니다

| 예문 |

❶ 明日は 早く 起きないと いけません。

　내일은 일찍 일어나야 합니다.

❷ 今日は この 本を 読まないと いけません。

　오늘은 이 책을 읽어야 합니다.

❸ 木曜日は 10時まで 仕事を しないと いけません。

　목요일은 10시까지 일을 해야 합니다.

Tip

~ないと いけません은 직역하면 '~하지 않으면 안 됩니다'입니다. 이 책에서는 보다 자연스러운 표현으로 '~해야 합니다'로 제시합니다.

Tip

~ないと いけません과 유사한 표현으로는 ~なければ なりません, ~なければ いけません 등이 있습니다. 미묘한 뉘앙스 차이가 있지만 거의 비슷하며, 한국어로도 똑같이 '~해야 합니다'로 해석하면 됩니다.

Tip

회화에서는 ~ないと いけません의 いけません이 생략되어 쓰이는 경우도 있습니다.
早く 行かないと。 빨리 가야지.

▶ **낱말과 표현**

早く 일찍 | 起きる 일어나다 | 本 책 | 読む 읽다 | 仕事 일, 업무

▶ 아래 예와 같이 자신의 경우를 생각하여 문장을 완성해 봅시다.

예)

私は 朝ごはんを <u>食べて／食べないで</u> 学校に 来ます。

저는 아침밥을 <u>먹고 / 먹지 않고</u> 학교에 옵니다.

食べる

❶ 私は バスに _____

うちに 帰ります。

乗る

❷ 私は 携帯電話の 音を _____

寝ます。

消す

❸ 私は コーヒーに 砂糖を _____

飲みます。

入れる

❹  私は 昨日、 _____

寝ました。

シャワーを する

▶ 낱말과 표현

消す 끄다 ｜ 携帯電話 휴대전화 ｜ 音 소리 ｜ 入れる 넣다 ｜ 砂糖 설탕 ｜ シャワー 샤워

96

▶ 아래 예와 같이 문장을 완성해 봅시다.

예)

今日は <u>仕事を しないと</u> いけません。

오늘은 일을 해야 합니다.

仕事をする

❶ 今日は _____ いけません。

授業を 受ける

❷ 今日は _____ いけません。

病院に 行く

❸ 今日は _____ いけません。

お金を 払う

❹ 今日は _____ いけません。

課題を する

▶ 낱말과 표현

仕事 일, 업무 ┃ 授業を 受ける 수업을 받다 ┃ お金を 払う 돈을 내다 ┃ 課題 과제

▶ 주어진 질문에 예와 같이 대답해 봅시다.

① 今日は 何を しないと いけませんか。

　　예) レポートを 書かないと いけません。

　　_____

② 家では 何を しないと いけませんか。

　　예) 掃除を しないと いけません。

　　_____

③ 週末には 何を しないと いけませんか。

　　예) 親戚の 家に 行かないと いけません。

　　_____

▶ 낱말과 표현

レポート 리포트 | 書く 쓰다 | 掃除 청소 | 週末 주말 | 親戚 친척

▶ 한국어 해석을 참고하여 밑줄 친 부분에 적절한 단어를 넣어 연습해 봅시다.

A　授業の 後 ＿＿＿＿＿＿＿＿＿＿＿＿＿＿＿＿＿＿＿＿。

B　いいですね。でも、＿＿＿＿＿＿＿＿＿＿＿＿＿＿＿＿。

A　明日は どうですか。

B　すみません。＿＿＿＿＿＿＿＿＿＿＿＿＿＿＿＿＿＿。

A　あさっては どうですか。

B　すみません。＿＿＿＿＿＿＿＿＿＿＿＿＿＿＿＿＿＿。

A　수업 후에 ＿＿＿＿＿＿＿＿ ～하지 않겠습니까?

B　좋네요. 하지만, ＿＿＿＿＿＿＿ ～해야 합니다.

A　내일은 어떻습니까?

B　죄송합니다. ＿＿＿＿＿＿＿ ～해야 합니다.

A　모레는 어떻습니까?

B　죄송합니다. ＿＿＿＿＿＿＿ ～해야 합니다.

 **Track 2-07-02**

しないと いけない こと

明日は とても 忙しい 一日です。授業が 9時に 始まるので、朝6時に 起きないと いけません。そして 7時の バスに 乗らないと いけません。うちから 学校までは 1時間半くらい かかります。

お昼は 約束が あって、後輩と 一緒に ごはんを 食べます。先輩の 私が お金を 払わないと いけません。その 後は 家に 帰って 夕食の 準備です。母は いつも 遅いので 私が 料理を しないと いけません。夜は 勉強です。テストが 近いので たくさん 勉強しないと いけません。でも 私は 寝ないと いけない 体質なので、夜 9時には 寝ます。

▶ **낱말과 표현**

とても 아주, 매우 | 忙しい 바쁘다 | 一日 하루 | 始まる 시작되다 | ～ので ～이기 때문에 | ～くらい ～정도 |

かかる 걸리다 | お昼 낮, 점심 | 約束 약속 | 後輩 후배 | 一緒に 같이 | 先輩 선배 | 夕食 저녁밥 | 準備 준비 |

遅い 늦다 | 料理 요리 | たくさん 많이 | 体質 체질

▶ [읽기 연습]을 참고하여 자신이 해야 할 일에 대해서 써 봅시다.

問題1 ＿＿＿ の ことばは どう よみますか。①・②・③・④から いちばん いい ものを
ひとつ えらんで ください。

[1] 病院は あそこですよ。

① びよういん　　② びょういん　　③ びようえん　　④ びょうえん

[2] お金を 払いましたか。

① さらい　　　② あらい　　　③ ならい　　　④ はらい

問題2 （　　　）に なにを いれますか。①・②・③・④から いちばん いい ものを ひとつ
えらんで ください。

[3] この もんだいは じしょを （　　　） やって ください。

① 見ないで　　② 見なくて　　③ 見ない　　④ 見なければ

[4] 金曜日までに かだいを 出さないと （　　　）。

① なります　　② なれません　　③ いけません　　④ いけます

問題3 ＿＿★＿＿ に はいる ものは どれですか。①・②・③・④から いちばん いい ものを
ひとつ えらんで ください。

[5] 明日は ＿＿＿＿ ＿＿★＿ ＿＿＿＿ ＿＿＿＿。

① いけません　　② じゅぎょうを　　③ 英語の　　④ うけないと

일본 문화 탐방

▶ 저녁에도 아침 인사?

　일본에서는 아침에는 'おはよう(ございます)', 낮에는 'こんにちは', 저녁에는 'こんばんは', 이렇게 시간대에 따라 인사말을 구별해서 사용한다고 다들 배웠을 겁니다. 그런데 실제로는 저녁이나 한밤중인데도 'おはよう(ございます)'를 사용할 때가 많습니다.

　저녁 6시, 아르바이트 하는 술집에 출근한 학생이 'おはようございま～す！' 하며 들어오고, 먼저 와 있던 사람들도 'おはよう(ございます)' 하며 맞이합니다. 저녁에 시작되는 술집뿐만이 아니라 24시간 영업하는 편의점이나 패밀리 레스토랑도 마찬가지입니다. 이처럼 때를 가리지 않는 'おはよう(ございます)'는 원래 3교대 공장이나 24시간 풀가동하는 방송국에서 습관화되기 시작했다는 설이 유력한데, 원래 이 말의 기능을 따지고 보면 자연스러운 일이라고 생각할 수 있습니다.

　'こんにちは'는 '오늘은 (좋은 날입니다)', 'こんばんは'는 '오늘 밤은 (좋은 밤입니다)'라는 뒤의 말이 생략된, 사교상 하는 형식적인 인사말입니다. 따라서 가족이나 친한 친구에게 하면 남처럼 대하는 느낌을 주게 되어 어색합니다. 반면, 'おはよう(ございます)'는 'はやい(이르다)'에서 유래된 말이며, 상황에 따라 '일찍 일어났습니다', '일찍 왔습니다', '일찍 시작합니다', '일찍 나오니 기분이 좋습니다' 등으로 해석할 수 있어 결코 아침에만 어울리는 인사가 아닙니다. 물론 가족이나 가까운 사람끼리도 자연스럽게 주고받을 수 있지요.

　같은 직장을 다니는 사람들과 그날 처음 만났을 때 하는 인사로 'こんにちは'나 'こんばんは'를 사용하면, 같은 공간 안에서 한 식구가 되어 일하는 사람으로서는 조금 섭섭한 느낌이 있습니다. 'おはよう(ございます)'라면 그런 일은 없을 겁니다. 직장 안에서 주고받는 'おはようございます'는 시간과 상관없이 '시작'을 알리는 산뜻한 종소리와도 같은 기능을 지니고 있는 것입니다.

家事 집안일
（か じ）

掃除
（そう じ）
청소

洗濯
（せんたく）
빨래

料理
（りょうり）
요리

洗い物
（あら　もの）
설거지

買い物
（か　もの）
장 보기

ゴミ出し
（　　だ）
쓰레기 배출

整理
（せい り）
정리

片づけ
（かた）
뒷정리

アイロンがけ
다리미질

裁縫
（さいほう）
바느질

節約
（せつやく）
절약

日曜大工
（にちようだい く）
DIY

雨（あめ）が 降（ふ）りそうです。

비가 내릴 것 같습니다.

point

Track 2-08-01

加藤 何だか、雨が 降りそうですね。

安 そうですね。でも、天気予報に よると 今日は 晴れる
そうですよ。

加藤 それは よかった。じゃあ、今日 海に 行きませんか。

安 いいですね。そういえば、今日は 海祭りが あるそう
ですよ。

加藤 へえ、面白そうですね。

安 夜には 花火大会も あるそうです。

Tip

いいの 과거 형태인 よかった는
단순히 '좋았다'라는 뜻으로도
사용하지만, 우려했던 일이 잘
되어 '다행이다'라고 말할 때도
사용합니다

▶ **낱말과 표현**

何だか 왠지 │ 雨が 降る 비가 내리다 │ そうですね 그렇네요 │ でも 그렇지만 │ 天気予報 일기예보 │
晴れる (날씨가) 개다, 맑다 │ よかった 다행이다 │ 海 바다 │ 行く 가다 │ そういえば 그러고 보니 │ 海祭り 바다 축제 │
へえ 몰랐던 사실을 알았을 때 쓰는 감탄사 │ 面白い 재미있다 │ 夜 밤, 저녁 │ 花火大会 불꽃놀이

01 전문의 そうです ~라고 합니다

» 보통체 접속

동사	• 降る^ふそうです [기본형] (비가) 내린다고(내릴 거라고) 합니다 • 降らない^ふそうです [부정-ない형] (비가) 내리지 않는다고(않을 거라고) 합니다 • 降った^ふそうです [과거-た형] (비가) 내렸다고 합니다 • 降らなかった^ふそうです [과거부정-なかった형] (비가) 내리지 않았다고 합니다
い 형용사	• おいしいそうです [기본형] 맛있다고 합니다 • おいしく ないそうです [부정형] 맛있지 않다고 합니다 • おいしかったそうです [과거형] 맛있었다고 합니다 • おいしく なかったそうです [과거부정형] 맛있지 않았다고 합니다
な 형용사	• 親切^{しんせつ}だそうです [어간 + だ] 친절하다고 합니다 • 親切^{しんせつ}じゃ ないそうです [부정형] 친절하지 않다고 합니다 • 親切^{しんせつ}だったそうです [과거형] 친절했다고 합니다 • 親切^{しんせつ}じゃ なかったそうです [과거부정형] 친절하지 않았다고 합니다
명사	• 先生^{せんせい}だそうです [명사 + だ] 선생님이라고 합니다 • 先生^{せんせい}じゃ ないそうです [부정형] 선생님이 아니라고 합니다 • 先生^{せんせい}だったそうです [과거형] 선생님이었다고 합니다 • 先生^{せんせい}じゃ なかったそうです [과거부정형] 선생님이 아니었다고 합니다

Tip

'전문의 そうです'는 들은 이야기나 얻은 정보를 다른 사람에게 전달할 때 사용됩니다. 한국어로는 '~한다고 합니다, ~한답니다, ~한대요, ~이래요' 등으로 해석됩니다.

Tip

'전문의 そうです'의 접속 형태를 '보통체'라고 합니다. 한국어로 생각하면 '~한다, ~하다, 했다, ~지 않다, ~이다, ~이/가 아니다' 등의 형태를 말하는 것이죠. そうです처럼 완전한 보통체 접속도 있지만 ようですﾝみたいです, んです처럼 な형용사와 명사의 일부가 다른 접속 형태로 되는 변칙적인 보통체 접속도 있습니다.

| 예문 |

❶ 天気予報に よると 明日は 晴れるそうです。

일기예보에 의하면 내일은 맑다고 합니다.

❷ 北海道では 今、雪が 降って いるそうです。

홋카이도에서는 지금 눈이 내리고 있다고 합니다.

❸ 彼は 試験に 合格したそうです。

그는 시험에 합격했다고 합니다.

❹ 父は 今、仕事で 忙しいそうです。

아버지는 지금 일 때문에 바쁘다고 합니다.

❺ 姉は 大学の 勉強が 大変だそうです。

언니(누나)는 대학 공부가 힘들다고 합니다.

❻ 彼女は イギリス人だそうです。

그녀는 영국인이라고 합니다.

▶ **낱말과 표현**

今 지금 | **雪** (내리는) 눈 | **彼** 그(3인칭) | **合格する** 합격하다 | **父** 아버지 | **仕事** 일, 업무 | **～で** ~때문에 |
忙しい 바쁘다 | **姉** 누나, 언니 | **大学** 대학교 | **勉強** 공부 | **大変だ** 힘들다 | **彼女** 그녀(3인칭) | **イギリス人** 영국인

108

02 양태의 そうです ~할 것 같습니다

>> 접속 형태 비교

	양태의 そうです	전문의 そうです
동사	[ます형 + そうです] ・降る → 降りそうです (비가) 내릴 것 같습니다	[보통체 + そうです] ・降るそうです (비가) 내린다고(내릴 거라고) 합니다
い형용사	[~い + そうです] ・おいしい → おいしそうです 맛있을 것 같습니다 ※예외 ・いい → よさそうです 좋을 것 같습니다 ・ない → なさそうです 없을/~지 않을 것 같습니다	[보통체 + そうです] ・おいしいそうです 맛있다고 합니다
な형용사	[~だ + そうです] ・親切だ → 親切そうです 친절할 것 같습니다	[어간 + だ + そうです] ・親切だそうです 친절하다고 합니다
명사	※ 양태의 의미로는 명사에 쓰이지 않음	[~だ + そうです] ・先生だそうです 선생님이라고 합니다

Tip

'양태의 そうです'는 불확실한 것에 대해 자신의 감각적인 느낌이나 이미지를 말할 때 사용합니다. 한국어로는 '~할 것 같습니다, ~해 보입니다' 등으로 해석됩니다. 동사의 경우는 미래에 일어날 수도 있는 일에 대해, 형용사의 경우는 대상의 성질이나 현재 상황을 예측해서 말할 때 사용합니다.

| 예문 |

❶ 今にも 雨が 降りそうです。

지금 당장이라도 비가 내릴 것 같습니다.

❷ 何だか 彼が 優勝しそうです。

왠지 그가 우승할 것 같습니다.

❸ この ケーキは おいしそうです。

이 케이크는 맛있을 것 같습니다(맛있어 보입니다).

❹ 新しい 先生は 親切そうです。

새 선생님은 친절할 것 같습니다(친절해 보입니다).

❺ あの 人は 頭が よさそうです。

저 사람은 머리가 좋을 것 같습니다(좋아 보입니다).

▶ **낱말과 표현**

今にも 지금 당장이라도 | **優勝する** 우승하다 | **ケーキ** 케이크 | **おいしい** 맛있다 | **新しい** 새롭다 | **親切だ** 친절하다 |
頭 머리

▶ 아래 예와 같이 문장을 완성해 봅시다.

예)

들은 이야기　明日は 雨が 降ります。　내일은 비가 옵니다.

전달하기　明日は 雨が 降るそうです。　내일은 비가 온다고 합니다.

❶　들은 이야기　あの 先生は 英語を 教えて います。

　　전달하기　_____。

❷　들은 이야기　部長は 出張に 行きました。

　　전달하기　_____。

❸　들은 이야기　弟「僕、車が 欲しい。」

　　전달하기　私の 弟は _____。

❹　들은 이야기　坂本「僕の 彼女は とても きれいです。」

　　전달하기　坂本さんの _____。

❺　들은 이야기　ゆき「私の 兄は 刑事です。」

　　전달하기　ゆきさんの _____。

▶ **낱말과 표현**

英語 영어 | 教える 가르치다 | 部長 부장(님) | 出張に 行く 출장을 가다 | 弟 남동생 | 僕 나(남성의 1인칭) |
車 자동차 | ～が 欲しい ～을(를) 갖고 싶다 | 彼女 여자친구 | とても 매우 | きれいだ 예쁘다 | 兄 (자신의) 형, 오빠 |
お兄さん (남의) 형, 오빠 | 刑事 형사

▶ 아래 예와 같이 문장을 완성해 봅시다.

예) 楽しそうです。

❶ _____。

❷ _____。

❸ _____。

❹ _____。

❺ _____。

회화 연습 ········· Exercises 3

▶ 주어진 질문으로 다른 사람에게 인터뷰한 뒤, 대답한 내용을 예와 같이 말해 봅시다.

① どこに 住んで いますか。

예) カンナムに 住んで います。
　　→ ～さんは、カンナムに 住んで いるそうです。

___

② 昨日は 何を しましたか。

예) 友だちと お酒を 飲みました。
　　→ ～さんは 昨日、友だちと お酒を 飲んだそうです。

___

③ 何が 欲しいですか。

예) パソコンが 欲しいです。→ ～さんは、パソコンが 欲しいそうです。

___

④ 好きな 食べ物は 何ですか。

예1) 刺身です。→ ～さんの 好きな 食べ物は、刺身だそうです。

예2) 刺身が 好きです。→ ～さんは、刺身が 好きだそうです。

___

▶ **낱말과 표현**

どこ 어디 | **住む** 살다, 거주하다 | **お酒** 술 | **飲む** 마시다 | **パソコン** 컴퓨터(PC) | **好きだ** 좋아하다 | **食べ物** 음식 |
刺身 회

Lesson 08 **雨が 降りそうです。** 113

▶ 주어진 질문에 예와 같이 대답해 봅시다.

① 日本人は どんな イメージですか。

예) めん類が 好きそうです。

_____

② 中国人は どんな イメージですか。 (다른 나라 사람으로 물어도 됨.)

예) お酒が 強そうです。

_____

③ アメリカ人は どんな イメージですか。 (다른 나라 사람으로 물어도 됨.)

예) ハンバーガーが 好きそうです。

_____

④ ____같은 반 친구____ さんは どんな イメージですか。

예) 頭が よさそうです。

_____

▶ **낱말과 표현**

どんな 어떤 | イメージ 이미지 | めん類 면류 | 中国人 중국인 | お酒が 強い 술이 세다 |
アメリカ人 미국인 | ハンバーガー 햄버거

▶ 한국어 해석을 참고하여 밑줄 친 부분에 적절한 단어를 넣어 연습해 봅시다.

A 何だか、雨が 降りそうですね。

B そうですね。でも、＿＿＿＿＿＿＿ に よると ＿＿＿＿＿＿＿ は
晴れるそうですよ。

A それは よかった。じゃあ、＿＿＿＿＿＿＿ ＿＿＿＿＿＿＿ に
行きませんか。

B いいですね。そういえば、＿＿＿＿＿＿＿ は ＿＿＿＿＿＿＿ が
あるそうですよ。

A へえ、＿＿＿＿＿＿ そうですね。

A 왠지 비가 올 것 같네요.

B 그렇네요. 그렇지만 ＿＿＿＿＿＿ 에 의하면 오늘/내일/요일/날짜 등은(는) 날씨가 맑
다고 합니다.

A 그건 다행이네요. 그럼 오늘/내일/요일/날짜 등 목적 장소에 가지 않겠습니까?

B 좋네요. 그리고 보니 오늘/내일/요일/날짜 등은(는) 축제/행사/서비스 등이(가) 있다고
합니다.

A 그래요? ～할(형용사) 것 같네요.

どこかで 聞いた 日本文化

韓国では 茶碗を 置いて スプーンで 食べます。でも、日本では 茶碗を 持って 箸で ご飯を 食べるそうです。日本の 食べ方は 大変そうです。味噌汁も お椀を 持って 箸で 食べるそうです。ちょっと 難しそうです。

また、韓国では 男性も 女性も 胡坐を かいて 座りますが、日本では 膝を 揃えて 座るのが 正しい 座り方だそうです。特に 女性は 人前で 胡坐を かくことが あまり ないそうです。ずっと 膝を 揃えて 座って いると 足が 痛そうです。

でも 大変な ことばかりでは ありません。韓国では タクシーの ドアを 自分で 開けなければ なりませんが、日本の タクシーは 運転手さんが ドアを 開けて 閉めて くれるそうです。これは すごく 楽そうです。

▶ **낱말과 표현**

どこか 어딘가 | 聞く 듣다 | 文化 문화 | 茶碗 밥그릇 | 置く 두다 | スプーン 숟가락 | 持つ 들다 | 箸 젓가락 | 食べ方 먹는 방식 | 大変だ 힘들다 | 味噌汁 된장국 | 難しい 어렵다 | 男性 남성 | 女性 여성 | 胡坐を かく 책상다리를 하다 | 座る 앉다 | 膝を 揃える 무릎을 모으다 | 正しい 바르다 | 座り方 앉는 자세 | 特に 특히 | 人前 남들 앞 | あまり 별로, 그다지 | ずっと 계속 | 足 다리, 발 | 痛い 아프다 | 〜ばかり 〜만(한정) | タクシー 택시 | ドア 문 | 自分で 자기가, 스스로 | 開ける 열다 | 運転手さん 운전기사님 | 閉める 닫다 | 〜て くれる 〜해 주다 | すごく 굉장히 | 楽だ 편하다

▶ [읽기 연습]을 참고하여 자신이 알고 있는 일본 문화를 한국 문화와 비교해서 써 봅시다.

問題1 ＿＿＿の ことばは どう よみますか。①・②・③・④から いちばん いい ものを
ひとつ えらんで ください。

1 今日は とても いい 天気ですね。

① てんき　　　② てんぎ　　　③ でんき　　　④ でんぎ

問題2 （　　）に なにを いれますか。①・②・③・④から いちばん いい ものを ひとつ
えらんで ください。

2 おじさんの 話に （　　　）、この あたりは むかし 海だったそう
です。

① なると　　　② のると　　　③ よると　　　④ さわると

3 さむいですね。今にも ゆきが （　　　） そうです。

① ふら　　　② ふり　　　③ ふる　　　④ ふれ

4 あの かしゅは アメリカでは とても ゆうめい （　　　） です。

① そうな　　　② なそう　　　③ そうだ　　　④ だそう

問題3 ★ に はいる ものは どれですか。①・②・③・④から いちばん いい ものを
ひとつ えらんで ください。

5 この ＿＿＿ ＿＿＿ ★ ＿＿＿そうです。

① あまり　　　② なさ　　　③ 本は　　　④ おもしろく

일본 문화 탐방

▶ 다양한 의미를 가진 'すみません'

일본에 가면 가장 많이 듣게 되는 말이 すみません입니다. 주로 '죄송합니다'라고 해석되는데, 일본 사람들이 말하는 すみません을 듣다 보면 좀 더 다양한 뜻을 가지고 있는 것을 알 수 있습니다.

크게 나누어서 すみません에는 세 가지의 뜻이 있습니다. '사죄', '감사', '의뢰'가 그것입니다. 한국말로 해석하면 어떨 때는 '죄송합니다'가 되기도 하고, 어떨 때는 '감사합니다'가 되기도 하며, '실례합니다'라는 뜻이 되기도 합니다.

이 세 가지 의미의 공통점은 '상대방에게 부담을 주어서 미안하다'는 것입니다. 자신의 잘못으로 인해 상대방에게 피해를 주었다면 그것에 대한 미안한 마음, 또 상대방에게 선물을 받았다면 나를 위해 돈을 쓰게 만드는 부담을 줬다는 미안함. 지나가는 사람한테 길을 물었다면 나의 물음으로 인해 상대방이 가던 길을 멈추게 된 데서 생기는 미안함 등등.

이러한 미안한 마음들이 すみません이라는 말로 모두 표현되는 것입니다. 그러나 이런 미안함은 상대방에게 향하는 것이 아니라 사실 그 말을 하는 자신에게 향하는 것이기도 합니다.

이는 자책감이라고도 할 수 있지만 나타난 결과의 원인을 남에게 구하는 것이 아니라 자기에게 구한다는 불교 사상과도 관련됩니다.

이처럼 일본어 초급에서 배우는 すみません에는 우리가 상상하는 것보다 더 깊은 일본 사람의 사상이나 생각이 담겨 있는 것입니다.

すみません。

天気 날씨
てん き

雨が 降る
あめ   ふ
비가 내리다

雪が 降る
ゆき   ふ
눈이 내리다

晴れる - 晴れ
は   は
개다—맑음

曇る - 曇り
くも   くも
흐리다—흐림

雲
くも
구름

霧
きり
안개

嵐
あらし
폭풍

吹雪
ふぶき
눈보라

台風
たいふう
태풍

気温が 高い
き おん   たか
기온이 높다

気温が 低い
き おん   ひく
기온이 낮다

日差しが 強い
ひ ざ   つよ
햇빛이 강하다

<ruby>彼<rt>かれ</rt></ruby><ruby>氏<rt>し</rt></ruby>が できたみたいです。

남자친구가 생겼나 봅니다.

point

01 추측의 みたいです／ようです ～(으)ㄴ가/는가 봅니다, ～(으)ㄴ/는 것 같습니다

02 비유의 みたいです／ようです ～(과/와) 같습니다

 Track 2-09-01

佐藤　彼氏が できたみたいですね。

張　　何の ことですか。

佐藤　昨日、男性と 一緒に いる ところを 見ましたよ。

張　　え、あれは 兄ですよ。兄を 見て 彼氏だと 思ったみたいですね。

佐藤　そうですか。すみません。お兄さんは どんな 人ですか。

張　　すごく かわいいです。まるで 弟みたいです。

▶ 낱말과 표현

彼氏 남자친구 | できる 생기다 | 何の こと 무슨 이야기(말) | 男性 남성 | 一緒に 같이 | いる (사람/동물이) 있다 |
ところ 장면 | 見る 보다 | 兄 (나의) 오빠, 형 | 思う 생각하다 | お兄さん (남의) 오빠, 형 | どんな 어떤 | 人 사람 |
すごく 굉장히 | まるで 마치 | 弟 남동생

01 추측의 みたいです/ようです ~(으)ㄴ가/는가 봅니다, ~(으)ㄴ/는 것 같습니다

>> 변칙적인 보통체 접속

동사	・<u>降って いる</u>みたいです/ようです [기본형] (비가) 내리고 있는가 봅니다 ・<u>降って いない</u>みたいです/ようです [부정-ない형] (비가) 내리고 있지 않는가 봅니다 ・<u>降った</u>みたいです/ようです [과거-た형] (비가) 내렸는가 봅니다 ・<u>降らなかった</u>みたいです/ようです [과거부정형] (비가) 내리지 않았는가 봅니다
い 형용사	・<u>おいしい</u>みたいです/ようです [기본형] 맛있는가 봅니다 ・<u>おいしく ない</u>みたいです/ようです [부정형] 맛있지 않는가 봅니다 ・<u>おいしかった</u>みたいです/ようです [과거형] 맛있었는가 봅니다 ・<u>おいしく なかった</u>みたいです/ようです [과거부정형] 맛있지 않았는가 봅니다
な 형용사	・<u>好き</u>みたいです [어간] 좋아하는가 봅니다 　<u>好きな</u>ようです [어간 + な] 좋아하는가 봅니다 ・<u>好きじゃ ない</u>みたいです/ようです [부정형] 좋아하지 않는가 봅니다 ・<u>好きだった</u>みたいです/ようです [과거형] 좋아했는가 봅니다 ・<u>好きじゃ なかった</u>みたいです/ようです [과거부정형] 좋아하지 않았는가 봅니다
명사	・<u>本物</u>みたいです [명사] 진품인가 봅니다 　<u>本物の</u>ようです [명사 + の] 진품인가 봅니다 ・<u>本物じゃ ない</u>みたいです/ようです [부정형] 진품이 아닌가 봅니다 ・<u>本物だった</u>みたいです/ようです [과거형] 진품이었는가 봅니다 ・<u>本物じゃ なかった</u>みたいです/ようです [과거부정형] 진품이 아니었는가 봅니다

Tip

みたいです/ようです는 자신의 주관적인 느낌을 나타내는 '양태의 そうです'와 달리, 객관적인 근거에 의한 추측을 나타냅니다. 한국어로는 '~(으)ㄴ가/는가 봅니다', '~(으)ㄴ/는 것 같습니다'와 같이 해석됩니다. いる, ある, はじまる 등 몇 가지 특정한 동사는 기본형에 직접 연결되는 경우가 많지만, 대부분의 동사는 의미의 특성상 ~ている/~ていない/~た/~なかった 형태에 연결되는 경우가 많습니다.

Tip

みたいです와 ようです는 같은 문맥에서 사용되며 같은 의미를 나타냅니다. 단, みたいです는 구어에서 많이 사용되는 표현이며, ようです는 구어로도 사용되지만 다소 딱딱한 느낌이 있어 문어에서 더 많이 사용되는 경향이 있습니다. 또한 접속 형태도 약간의 차이가 있어 주의가 필요합니다.

| 예문 |

❶ 部屋に 蚊が <u>いるみたいです。</u> 방에 모기가 있는 것 같습니다.
<u>いるようです。</u>

❷ 外は 雨が 降って <u>いるみたいです。</u> 바깥은 비가 오고 있나 봅니다.
<u>いるようです。</u>

❸ 二人は <u>けんかしたみたいです。</u> 두 사람은 싸웠나 봅니다.
<u>けんかしたようです。</u>

❹ この 店の ケーキは <u>おいしいみたいです。</u>
<u>おいしいようです。</u>

이 가게의 케이크는 맛있나 봅니다.

❺ 日本の 食べ物が <u>好きみたいです。</u>
<u>好きなようです。</u>

일본 음식을 좋아하나 봅니다.

❻ どうやら これは <u>本物 みたいです。</u>
<u>本物のようです。</u>

아무래도 이것은 진품인가 봅니다.

▶ **낱말과 표현**

部屋 방 | 蚊 모기 | 外 바깥 | 雨が 降る 비가 내리다 | 二人 두 사람 | けんかする 싸우다 | 店 가게 | ケーキ 케이크 |
おいしい 맛있다 | 食べ物 음식 | 好きだ 좋아하다 | どうやら 아무래도 | 本物 진품

02 비유의 みたいです／ようです ~(과/와) 같습니다

'(마치) ~ 같다'고 비유할 때도 사용합니다. 접속 형태는 '추측의 みたいです／ようです'와 동일합니다. 동사와 형용사도 물론 사용 가능하지만 명사를 사용하는 경우가 많습니다. '~ 같은 ……'라고 명사를 수식할 때는 な형용사 활용으로 'みたいな／ような'가 됩니다.

| 예문 |

❶ まるで 猫みたいです。 마치 고양이 같습니다.

　　　猫のようです。

猫みたいな 犬 です。 고양이 같은 개입니다.

猫のような

❷ まるで 天使みたいです。 마치 천사 같습니다.

　　　天使のようです。

天使みたいな 人です。 천사 같은 사람입니다.

天使のような

▶ **낱말과 표현**

まるで 마치 | 猫 고양이 | 犬 개 | 天使 천사

▶ 아래 예와 같이 문장을 완성해 봅시다.

예)

試験<ruby>し<rt></rt></ruby>に 受<ruby>う<rt></rt></ruby>かる

試験<ruby>しけん<rt></rt></ruby>に　受<ruby>う<rt></rt></ruby>かった<u>みたいです</u>。

or　受<ruby>う<rt></rt></ruby>かった<u>ようです</u>。　시험에 붙었나 봅니다.

❶
試験<ruby>しけん<rt></rt></ruby>に 落<ruby>お<rt></rt></ruby>ちる

・試験<ruby>しけん<rt></rt></ruby>に ＿＿＿＿＿＿＿＿＿＿＿＿＿＿＿＿＿。

or ＿＿＿＿＿＿＿＿＿＿＿＿＿＿＿＿＿＿＿＿＿。

❷
虫<ruby>むし<rt></rt></ruby>が 嫌<ruby>きら<rt></rt></ruby>いだ

・虫<ruby>むし<rt></rt></ruby>が ＿＿＿＿＿＿＿＿＿＿＿＿＿＿＿＿＿。

or ＿＿＿＿＿＿＿＿＿＿＿＿＿＿＿＿＿＿＿＿＿。

❸
おなかが 痛<ruby>いた<rt></rt></ruby>い

・おなかが ＿＿＿＿＿＿＿＿＿＿＿＿＿＿＿。

or ＿＿＿＿＿＿＿＿＿＿＿＿＿＿＿＿＿＿＿＿＿。

❹

留守<ruby>るす<rt></rt></ruby> ＆ 誰<ruby>だれ<rt></rt></ruby>も いない

・＿＿＿＿＿＿＿＿＿＿＿＿＿＿＿＿＿＿＿＿＿。

or ＿＿＿＿＿＿＿＿＿＿＿＿＿＿＿＿＿＿＿＿＿。

・誰<ruby>だれ<rt></rt></ruby>も ＿＿＿＿＿＿＿＿＿＿＿＿＿＿＿＿＿。

or ＿＿＿＿＿＿＿＿＿＿＿＿＿＿＿＿＿＿＿＿＿。

▶ **낱말과 표현**

試験<ruby>しけん<rt></rt></ruby>に 受<ruby>う<rt></rt></ruby>かる 시험에 붙다 ｜ **試験<ruby>しけん<rt></rt></ruby>に 落<ruby>お<rt></rt></ruby>ちる** 시험에 떨어지다 ｜ **虫<ruby>むし<rt></rt></ruby>** 벌레 ｜ **嫌<ruby>きら<rt></rt></ruby>いだ** 싫어하다, 싫다 ｜ **おなか** 배 ｜
痛<ruby>いた<rt></rt></ruby>い 아프다 ｜ **留守<ruby>るす<rt></rt></ruby>** 부재중 ｜ **誰<ruby>だれ<rt></rt></ruby>も** 아무도 ｜ **いない** (사람/동물이) 없다

▶ 아래 예와 같이 문장을 완성해 봅시다.

예)

1 夢　　彼女と 付き合えるなんて、まるで 夢みたいです。

그녀와 사귈 수 있다니 마치 꿈 같습니다.　　or 夢のようです。

2 ドラマ　　いつか ドラマみたいな

　　　　　　or ドラマのような 熱い 恋が したいです。

언젠가 드라마 같은 뜨거운 사랑을 하고 싶습니다.

❶ 歌手　　すごく 歌が 上手ですね。まるで ＿＿＿＿＿＿＿＿。

　　　　　　　　　　　　　　　　　　or ＿＿＿＿＿＿＿＿。

❷ 嘘　　これは ＿＿＿＿＿＿＿＿本当の 話です。

　　　　or ＿＿＿＿＿＿＿＿本当の 話です。

❸ 写真　　え、これ 絵ですか。＿＿＿＿＿＿＿＿ねえ。

　　　　　　　　　　　　or ＿＿＿＿＿＿＿＿ねえ。

❹ 子供　　父は いたずら好きで ＿＿＿＿＿＿＿＿性格です。

　　　　　　　　　　　　or ＿＿＿＿＿＿＿＿性格です。

▶ **낱말과 표현**

彼女 그녀 | 付き合う 사귀다 | 夢 꿈 | いつか 언젠가 | ドラマ 드라마 | 熱い 뜨겁다 | 恋 연애, 사랑 | 歌 노래 |
歌手 가수 | 嘘 거짓, 거짓말 | 本当の 話 진짜 이야기, 진실 | 絵 그림 | 写真 사진 | 父 아버지 |
いたずら好きだ 장난기가 많다 | 子供 아이, 어린이 | 性格 성격

▶ 주어진 질문에 예와 같이 대답해 봅시다.

① 今、外は どんな 様子ですか。

예1) 晴れて いるみたいです。

예2) 人が あまり いないようです。

② 今、友だちは どんな 様子ですか。

예1) 先生の 話を 聞いて いないみたいです。

예2) どうも 寝不足のようです。

③ これは 何という 虫ですか。

예1) これは ナナフシです。ナナフシは 枝みたいな 虫です。

예2) これは ハナカマキリです。ハナカマキリは 花のような 虫です。

▶ 벌레 이름을 알아봅시다.

잠자리(トンボ)	사슴벌레(クワガタムシ)	무당벌레(テントウムシ)	공벌레(ダンゴムシ)
비행기(ひこうき)와 비슷?	사슴(シカ)과 비슷?	딸기(イチゴ)와 비슷?	공(ボール)과 비슷?

▶ 낱말과 표현

どんな 어떤 | 様子 상황, 상태, 분위기 | 晴れる (날씨가) 개다, 맑다 | あまり 별로(뒤에 부정이 옴) | 寝不足 수면 부족 |
話 이야기 | 聞く 듣다 | 何という 뭐라고 하는 | ナナフシ 대벌레 | 枝 나뭇가지 | ハナカマキリ 난초사마귀 | 花 꽃

▶ 한국어 해석을 참고하여 밑줄 친 부분에 적절한 단어를 넣어 연습해 봅시다.

A　彼氏 or 彼女が できたみたいですね。昨日、一緒に いる とこ
　　ろを 見ましたよ。

B　え、あれは ＿＿ⓐ＿＿ ですよ。 ＿＿ⓐ＿＿を 見て 彼氏 or 彼女 と 思った
　　みたいですね。

A　そうですか。すみません。 ＿＿ⓑ＿＿ は どんな 人ですか。

B　＿＿＿＿＿＿＿＿＿です。まるで ＿＿＿＿＿＿＿＿みたいです。

A　남자친구 or 여자친구가 생겼나 보네요. 어제 같이 있는 것을 봤습니다.

B　네? 그건 ＿ⓐ＿ 입니다. ＿ⓐ＿ 을(를) 보고 남자친구 or 여자친구라고 생각했나 보네요.

A　그렇습니까? 죄송합니다. ＿ⓑ＿ 은(는) 어떤 분입니까?

B　＿＿＿＿＿ 입니다. 마치 ＿＿＿＿ 같습니다.

	ⓐ	ⓑ		공용	
아빠	父	お父さん		사촌	いとこ
엄마	母	お母さん		삼촌	おじさん
형, 오빠	兄	お兄さん		이모, 고모	おばさん
누나, 언니	姉	お姉さん		친구	友だち
남동생	弟	弟さん			
여동생	妹	妹さん			

かんさつ き ろく
観察記録

Track 2-09-02

うちは タマと いう 雄猫を 飼って います。タマは たまに 人間のような

行動を 取ります。後ろ足で 立って、前足で ボールを 投げる ことが でき

ます。部屋の ドアも 前足で 簡単に 開ける ことが できます。普通の 猫に

は 難しい ことだと 思いますが、タマには あまり 難しく ないようです。

機嫌の いい ときは 仰向けに なって 手足を 伸ばして 寝る ときも ありま

す。まるで 中年の おじさんみたいです。タマは 人間の 言葉が 少し 理解

できるようです。「そうだね」と うなずく ときは、豚みたいな 声を 出し

ます。私に とって タマは 弟のような 存在です。タマも 私を お姉ちゃん

だと 思って いるようです。

▶ **낱말과 표현**

観察 관찰 | **記録** 기록 | **うち** 우리 집 | **~という** ~이라는 | **雄猫** 수고양이 | **飼う** (동물을) 키우다 | **たまに** 가끔 |

人間 인간 | **行動を 取る** 행동을 취하다 | **後ろ足** 뒷발, 뒷다리 | **立つ** 서다 | **前足** 앞발, 앞다리 | **ボール** 공 |

投げる 던지다 | **ドア** 문 | **簡単** 쉽게, 간단히 | **開ける** 열다 | **普通** 보통 | **難しい** 어렵다 |

~と 思う ~이라고 생각하다 | **機嫌が いい** 기분이 좋다 | **仰向けに なる** 위를 보고 눕다 | **手足** 팔다리, 손발 |

伸ばす 뻗다 | **とき** 때 | **中年** 중년 | **おじさん** 아저씨 | **言葉** 말 | **少し** 조금 | **理解** 이해 | **そうだね** 그렇지 |

うなずく 끄덕이다 | **豚** 돼지 | **声** 목소리 | **出す** 내다 | **~に とって** ~에게 있어 | **弟** 남동생 | **存在** 존재 |

お姉ちゃん 누나, 언니(친숙하게 부르는 호칭)

▶ [읽기 연습]을 참고하여 사람, 동물, 벌레 등을 관찰하고 그 특징이나 느낀 점을 써 봅시다.

問題 1 ＿＿＿の ことばは どう よみますか。①・②・③・④から いちばん いい ものを ひとつ えらんで ください。

1 今、外は どんな 様子ですか。

① ようし　　　② ようす　　　③ ようこ　　　④ さまこ

問題 2 （　　　）に なにを いれますか。①・②・③・④から いちばん いい ものを ひとつ えらんで ください。

2 あの 人は あまい ものが きらい（　　　）です。

① みたい　　　② なみたい　　　③ のみたい　　　④ だみたい

3 きのうは ずいぶん 雨が （　　　） ようですね。

① ふり　　　② ふる　　　③ ふった　　　④ ふって いる

4 かのじょと けっこんできるなんて、まるで ゆめ（　　　）です。

① なそう　　　② なよう　　　③ のそう　　　④ のよう

問題3 ＿＿＿の ぶんと だいたい おなじ いみの ぶんが あります。①・②・③・④から
いちばん いい ものを ひとつ えらんで ください。

5 この 家は 留守みたいです。

① この 家を 買ったらしいです。

② この 家は 売れないそうです。

③ この 家に 誰か 来て ほしいです。

④ この 家には 誰も いないようです。

虫 벌레
むし

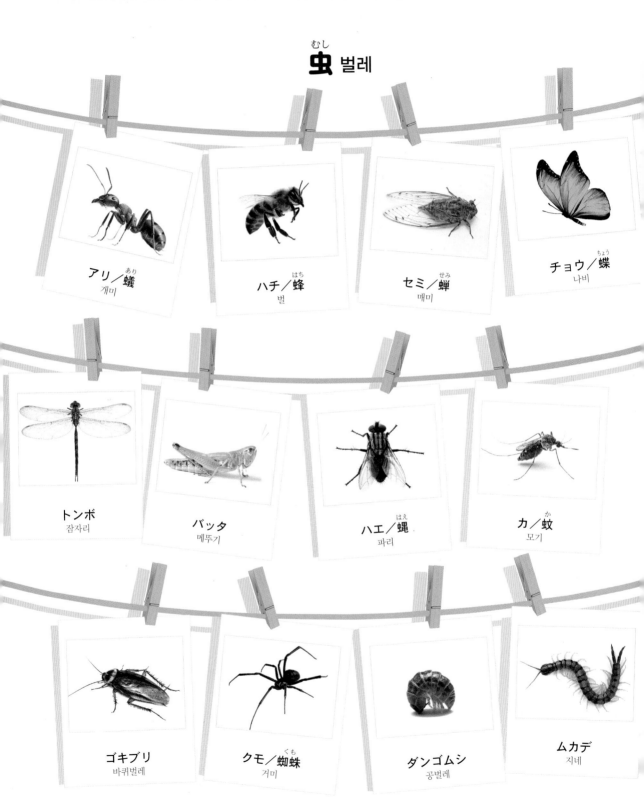

アリ／蟻
あり
개미

ハチ／蜂
はち
벌

セミ／蟬
せみ
매미

チョウ／蝶
ちょう
나비

トンボ
잠자리

バッタ
메뚜기

ハエ／蠅
はえ
파리

カ／蚊
か
모기

ゴキブリ
바퀴벌레

クモ／蜘蛛
くも
거미

ダンゴムシ
공벌레

ムカデ
지네

* 벌레 이름은 가타카나로 표기하는 경우가 많지만 한자도 널리 사용되는 경우 한자 표기도 병기했습니다.

プレゼントを もらいましたか。

선물을 받았습니까?

point

Track 2-10-01

山田 ハンさん、お誕生日に 何か プレゼントを もらいましたか。

韓 母に かわいい 水筒を もらいました。山田さんは？

山田 父が かばんを 買って くれました。

韓 そうですか。ところで、母の日に 何か あげましたか。

山田 ネックレスを あげました。ハンさんは？

韓 私は 花を あげました。

▶ **낱말과 표현**

何か 뭔가 | プレゼント 선물 | もらう 받다 | かわいい 귀엽다 | 水筒 물통 | ～て くれる (상대가 나에게) ～해 주다 |
ところで 그런데 | 母の日 어머니의 날 | あげる (내가 상대에게) 주다 | ネックレス 목걸이 | 花 꽃

01 あげる・くれる・もらう 수수표현

花
わたし　山田さん
本

| 예문 |

❶ 私は 山田さんに 花を あげました。

저는 야마다 씨에게 꽃을 주었습니다.

❷ 山田さんは 私に 本を くれました。

야마다 씨는 저에게 책을 주었습니다.

❸ 私は 山田さんに 本を もらいました。

저는 야마다 씨에게 책을 받았습니다.

02 【て형】あげる・くれる・もらう ~해 주다

| 예문 |

❶ 私は 山田さんに 花を 買って あげました。

저는 야마다 씨에게 꽃을 사 주었습니다.

❷ 山田さんは 私に 本を 買って くれました。

야마다 씨는 저에게 책을 사 주었습니다.

❸ 私は 山田さんに 本を 買って もらいました。

(②와 해석은 같으나 '저'가 주어가 됨.)

Tip

일본어에서는 ~て もらう라는 표현을 사용합니다. 물론 한국어로는 '~해 받다'라는 표현은 쓰지 않기 때문에 '~해 주다'로 해석합니다. 주어가 무엇인지에 따라 ~て もらう와 ~て くれる를 구별해서 씁니다.

▶ 아래 예와 같이 문장을 완성해 봅시다.

예)

私 → 友達

私は 友達に 英語の 本を あげました。

저는 친구에게 영어 책을 주었습니다.

❶

パクさん → 私

パクさんは 私に 映画の チケットを _____。

❷

鈴木さん → 佐藤さん

鈴木さんは 佐藤さんに お菓子を _____。

❸

後輩 → 私

私は 後輩に コーヒーカップを _____。

❹

新井さん → 田中さん

田中さんは 新井さんに 化粧品を _____。

▶ 낱말과 표현

チケット 티켓 | お菓子 과자 | 後輩 후배 | コーヒーカップ 커피 잔 | 化粧品 화장품

▶ 아래 예와 같이 문장을 완성해 봅시다..

예)

私 → 友達

私は 友達に 傘を <u>貸して あげました</u>。

저는 친구에게 우산을 빌려주었습니다.

❶

小川さん → チェさん

チェさんは 小川さんに 漢字を ＿＿＿＿＿＿＿＿＿＿。

❷

母 → 私

母は 私に 弁当を ＿＿＿＿＿＿＿＿＿＿＿＿＿。

❸

私 → 彼女

私は 彼女に 歌を ＿＿＿＿＿＿＿＿＿＿＿＿＿。

▶ 낱말과 표현

貸す 빌려주다 | 漢字 한자 | 教える 가르치다 | 弁当を 作る 도시락을 싸다 | 歌を 歌う 노래를 부르다

▶ 주어진 질문에 예와 같이 대답해 봅시다.

① 最近 誰かに 何かを あげましたか。

예) 友達に 帽子を あげました。

_____

② 最近 誰かに 何かを もらいましたか。

예) 父に 財布を もらいました。

_____

③ 最近 誰かに 何かを して あげましたか。

예) 祖母に マッサージを して あげました。

_____

④ 最近 誰かに 何かを して もらいましたか。

예) 母に 私の 好きな 料理を 作って もらいました。

_____

▶ 낱말과 표현

最近 최근, 요즘 │ 誰か 누군가 │ 何か 뭔가 │ 帽子 모자 │ 財布 지갑 │ 祖母 할머니 │ マッサージ 마사지

140

▶ 한국어 해석을 참고하여 밑줄 친 부분에 적절한 단어를 넣어 연습해 봅시다.

A ＿＿＿＿＿＿さん、お誕生日に 何か プレゼントを もらいました
たか。

B ＿＿＿＿＿に ＿＿＿＿＿を もらいました。＿＿＿＿＿さんは？

A ＿＿＿＿＿が ＿＿＿＿＿を 買って くれました。

B そうですか。ところで、母の日に 何か あげましたか。

A ＿＿＿＿＿を あげました。＿＿＿＿＿さんは？

B 私は ＿＿＿＿＿を あげました。

A ＿＿＿＿＿씨, 생일에 뭔가 선물을 받았습니까?

B ＿＿＿＿＿에게 ＿＿＿＿＿을(를) 받았습니다. ＿＿＿＿＿씨는요?

A ＿＿＿＿＿이(가) ＿＿＿＿＿을(를) 사 주었습니다.

B 그렇습니까? 그런데 어머니의 날(어버이 날)에 뭔가 주었습니까(드렸습니까)?

A ＿＿＿＿＿을(를) 주었습니다. ＿＿＿＿＿씨는요?

B 저는 ＿＿＿＿＿을(를) 주었습니다.

誕生日の プレゼント

 Track 2-10-02

今年の 誕生日は、家族や 友達から たくさんの ものを もらいました。母は コスメを プレゼントして くれました。父には アクセサリーを 買って もらいました。兄は お小遣いを くれました。それから 友達は パーティーを して くれました。手作りの 料理と ワイン、ケーキで 祝って くれました。本当に うれしかったです。家族や 友達の お誕生日には、私も いろいろ して あげたいです。

▶ [읽기 연습]을 참고하여 생일에 있었던 일을 써 봅시다.

▶ 낱말과 표현

今年 올해 | **たくさんの もの** 많은 것 | **コスメ** 화장품 | **アクセサリー** 액세서리 | **お小遣い** 용돈 |
パーティー 파티 | **手作りの 料理** 손수 만든 요리 | **ワイン** 와인 | **ケーキ** 케이크 | **祝う** 축하하다 | **本当に** 정말로 |
うれしい 기쁘다 | **いろいろ** 여러 가지

問題1 (　　　)に なにを いれますか。①・②・③・④から いちばん いい ものを ひとつ えらんで ください。

1 私は 鈴木さんに 本を （　　　）。
_{すずき}

① くれました　　② もらいました　　③ もれました　　④ くらいました

2 田中さんは 私に ボールペンを （　　　）。
_{たなか}

① くれました　　② もらいました　　③ もれました　　④ くらいました

3 私は いもうとに かさを かして （　　　）。

① あげました　　② あいました　　③ あけました　　④ あきました

4 私は 山田さん （　　　） 加藤さんの 電話番号を 教えて もらいました。
_{やまだ}　　　　　　　　_{かとう}　　　　_{でんわばんごう}　　_{おし}

① に　　　　　　② が　　　　　　③ を　　　　　　④ の

問題2 ＿＿★＿＿ に はいる ものは どれですか。①・②・③・④から いちばん いい ものを ひとつ えらんで ください。

5 これは 父が ＿＿＿＿ ＿＿★＿＿ ＿＿＿＿ ＿＿＿＿です。

① もの　　　　　　　　　　　② くれた

③ プレゼントして　　　　　　④ たんじょうびに

일본 문화 탐방

▶ 일본의 결혼식은 평균 3시간 걸린다? 비용도 300~400만 엔!?

한국의 결혼식은 보통 어느 정도 시간이 걸릴까요? 30분? 1시간? 폐백까지 포함해서 길어 봐야 1시간 반? 아무튼 그렇게 오래 걸리지는 않지요? 하객들은 대부분 식이 끝나면 식권을 가지고 뷔페 식당에서 식사를 하거나 2차 장소로 자리를 옮기는 경우가 대부분인 것 같습니다.

교회식(教会式) 결혼 풍경

신전식(神前式) 결혼 풍경

여러분이 일본의 결혼식에 참석하게 되면 색다른 느낌을 받을 수도 있습니다. 우선 결혼식의 스타일이 다양합니다. 교회 예배당에서 하는 교회식(教会式), 신사에서 하는 신전식(神前式), 절에서 하는 불전식(佛前式), 종교 색 없이 하객들이 증인이 되는 인전식(人前式) 등이 있습니다. 어떤 스타일이든 결혼식과 피로연을 합쳐 평균 3시간 정도 걸립니다. 2차까지 가게 되면 그날은 결혼식 외에 다른 예정을 잡을 수 없습니다. 왜 그렇게 오래 걸릴까요? 예식 자체는 30분~1시간 정도로 끝납니다. 식이 끝나고 바로 피로연으로 이어지는데, 피로연에서 여러 친지들의 인사와 비디오 상영, 편지 낭독과 축하 공연 등 다양한 이벤트가 2시간 정도 진행됩니다. 식사는 피로연 진행과 함께 코스 요리를 즐기는 것이 일반적입니다.

인전식(人前式) 결혼 풍경

불전식(佛前式) 결혼 풍경

요리는 비싸고 준비해야 할 것이 많은데, 멀리서 오는 하객들의 여행 비용도 부담하는 것이 기본이라고 하니 결혼식 비용은 정말 어마어마하겠지요? 300~400만 엔 정도는 보통이고 화려한 결혼식을 선호하는 것으로 유명한 나고야(名古屋)에서는 1000만 엔 이상 드는 경우도 드물지 않다고 합니다. 이렇게 많은 비용이 드니 하객들도 축의금을 좀 많이 넣어야 할 것 같습니다. 꼭 얼마 넣어야 한다고 정해진 것은 없지만, 3만 엔 아니면 5만 엔이 가장 무난한 금액이 아닐까 합니다.

그런데 안타깝게도 일본의 이혼율은 대략 3쌍 중 1쌍 정도라고 합니다. 이는 한국과도 거의 비슷한 수치인데 이혼율과 대조해서 생각하면 한국이 훨씬 경제적이라 할 수 있습니다.

결혼식 피로연 준비 장면

결혼식 피로연에서 제공되는
코스 요리의 한 예

贈り物 선물

お土産 선물

プレゼント 프레젠트

ギフト 기프트

お歳暮 연말 선물

お中元 여름 선물

記念日 기념일

お年玉 세뱃돈

お小遣い 용돈

粗品 간단한 선물

記念品 기념품

ブランド物 명품

手作り 손수 만듦

＊ お土産는 여행에 갔을 때 사 오는 선물 또는 남의 집에 방문할 때 가져 가는 선물을 가리킵니다.

先生に
ほめられました。

せん せい

선생님에게 칭찬받았습니다.

point

Track 2-11-01

山口 ファンさん、うれしそうですね。

黃 試験の 点数が よくて、先生に ほめられました。

山口 よかったですね。

　　 私は 成績が 下がって 母に 怒られました。

黃 でも、山口さん、今日は 笑顔ですね。

山口 私の 絵が 優秀賞に 選ばれました。

黃 すごいですね。私は また 入選できませんでした。

▶ **낱말과 표현**

うれしい 기쁘다 | 試験 시험 | 点数 점수 | ほめる 칭찬하다 | 成績 성적 | 下がる 내려가다, 떨어지다 |
怒る 화내다, 혼내다 | 笑顔 웃는 얼굴 | 絵 그림 | 優秀賞 우수상 | 選ぶ 뽑다 | 入選 입선

01 동사 수동형 활용

3그룹 동사	불규칙적인 활용을 하고 두 개만 있다. する → される, くる → こられる
2그룹 동사	る를 떼고 られる를 붙인다. みる → みられる, たべる → たべられる
1그룹 동사	어미(u단)를 a단으로 바꾸고 れる를 붙인다. かく → かかれる, のむ → のまれる, とる → とられる ※단, 'う'로 끝나는 동사는 'あ'가 아니라 'わ'로 바꾼다. かう → かわれる, いう → いわれる

Tip

수동형은 모두 2그룹 동사로 활용합니다.

かく(1그룹)
↓
かかれる(2그룹)
↓
かかれます

| 확인하기 |

기본형	뜻	그룹	수동형	기본형	뜻	그룹	수동형
言う	말하다	1		怒る	혼내다	1	
ほめる	칭찬하다	2		来る	오다	3	
壊す	부수다	1		書く	쓰다	1	
する	하다	3		呼ぶ	부르다	1	
読む	읽다	1		建てる	짓다	2	

| 예문 |

❶ いたずらを して 父に 怒られました。

장난을 쳐서 아버지에게 혼났습니다.

❷ パーティーに 招待されました。

파티에 초대받았습니다.

❸ 彼女に ふられて 泣いて います。

여자친구에게 차여서 울고 있습니다.

❹ 母に 大切な 服を 捨てられました。

어머니가 (나의) 소중한 옷을 버렸습니다.

❺ 先生に 名前を 呼ばれました。

선생님에게 이름을 불렸습니다.

❻ 自転車を 盗まれました。

자전거를 도둑맞았습니다.

Tip

수동형은 한국어로 해석할 때 대응하는 동사가 있다면 그대로 해석하면 되지만, 그렇지 못한 경우는 예문④처럼 주체를 바꿔서 해석합니다.

▶ **낱말과 표현**

いたずらを する 장난을 치다 | パーティー 파티 | 招待する 초대하다 | 彼女 여자친구 | ふる 차다 | 泣く 울다 | 大切だ 소중하다 | 服 옷 | 捨てる 버리다 | 名前 이름 | 自転車 자전거 | 盗む 훔치다

02 무생물 주어의 수동

» 書く 쓰다 → 書かれる 쓰이다

» 建てる 짓다 → 建てられる 지어지다

| 예문 |

❶ ホテルで 誕生日パーティーが 開かれます。

호텔에서 생일 파티가 열립니다.

❷ 駅前の 店で かわいい 服が 売られて います。

역 앞의 가게에서 귀여운 옷이 판매되고 있습니다.

❸ この 小説は 日本の 作家に よって 書かれました。

이 소설은 일본 작가에 의해 쓰였습니다.

❹ あの ビルは 去年 建てられました。

저 빌딩은 작년에 지어졌습니다.

❺ 電話は ベルに よって 発明されました。

전화기는 벨에 의해 발명되었습니다.

▶ **낱말과 표현**

開く 열다 | 駅前 역 앞 | 店 가게 | 服 옷 | 売る 팔다 | 小説 소설 | 作家 작가 | ~に よって ~에 의해 |
ビル 빌딩 | 去年 작년 | 発明する 발명하다

연습

▶ 아래 예와 같이 문장을 완성해 봅시다.

예)

怒[おこ]る

→ 母[はは]に 怒[おこ]られました。 어머니에게 혼났습니다.

①

誘[さそ]う

→ コンサートに _____。

②

たたく

→ 姉[あね]に _____。

③

かむ

→ 犬[いぬ]に 手[て]を _____。

④

頼[たの]む

→ 日本語[にほんご]の 翻訳[ほんやく]を _____。

⑤

開く
<ruby>ひら<rt></rt></ruby>

→ 展示会が _____。
<ruby>てん じ かい<rt></rt></ruby>

⑥

食べる
<ruby>た<rt></rt></ruby>

→ 弟に お菓子を _____。
<ruby>おとうと<rt></rt></ruby> <ruby>か し<rt></rt></ruby>

⑦

作る
<ruby>つく<rt></rt></ruby>

→ おもしろい 映画が _____。
<ruby>えい が<rt></rt></ruby>

⑧

開発する
<ruby>かい はつ<rt></rt></ruby>

→ 新しい 技術が _____。
<ruby>あたら<rt></rt></ruby> <ruby>ぎ じゅつ<rt></rt></ruby>

▶ 낱말과 표현

怒る 혼내다 | 誘う 권유하다 | たたく 때리다 | かむ 물다 | 頼む 부탁하다 | 翻訳 번역 | 開く 열다, 개최하다 |
<ruby>おこ<rt></rt></ruby> <ruby>さそ<rt></rt></ruby> <ruby>たの<rt></rt></ruby> <ruby>ほんやく<rt></rt></ruby> <ruby>ひら<rt></rt></ruby>
展示会 전시회 | お菓子 과자 | 作る 만들다 | おもしろい 재미있다 | 開発する 개발하다 | 新しい 새롭다 |
<ruby>てん じ かい<rt></rt></ruby> <ruby>か し<rt></rt></ruby> <ruby>つく<rt></rt></ruby> <ruby>かい はつ<rt></rt></ruby> <ruby>あたら<rt></rt></ruby>
技術 기술
<ruby>ぎ じゅつ<rt></rt></ruby>

▶ 주어진 말에 예와 같이 대답해 봅시다.

① 最近 どんな ことで ほめられましたか。または、怒られましたか。

예) 庭の 掃除を して、母に ほめられました。

_____

② 何かを 盗まれた ことが ありますか。

예) 去年 スマホを 盗まれました。

_____

③ 最近 見た 映画や ドラマに ついて 話して ください。(수동형을 사용하여)

예) 『半沢直樹』は 2013年に 放送されました。原作は 小説で、

池井戸潤に よって 書かれました。

_____

_____

▶ **낱말과 표현**

最近 최근, 요즘 | **どんな ことで** 어떤 일로 | **または** 또는 | **庭** 마당 | **掃除** 청소 | **何か** 뭔가 | **スマホ** 스마트폰 |
~に ついて ~에 대해 | **話す** 말하다 | **放送** 방송 | **原作** 원작

▶ 한국어 해석을 참고하여 밑줄 친 부분에 적절한 단어를 넣어 연습해 봅시다.

A ＿＿＿＿＿さん、うれしそうですね。

B ＿＿＿＿＿＿＿＿＿＿＿＿て ＿＿＿＿に ほめられました。

A よかったですね。私^{わたし}は ＿＿＿＿＿＿＿＿＿＿て ＿＿＿＿に
怒^{おこ}られました。

B でも、＿＿＿＿さん、今日^{きょう}は 笑顔^{えがお}ですね。

A ＿＿＿＿＿＿＿＿＿＿＿に 選^{えら}ばれました。

B すごいですね。

A ＿＿＿＿＿ 씨, 기뻐 보이네요.

B ＿＿＿＿＿해서 ＿＿＿＿에게 칭찬받았습니다.

A 잘됐네요. 저는 ＿＿＿＿해서 ＿＿＿＿에게 혼났습니다.

B 그래도 ＿＿＿＿ 씨, 오늘은 웃는 얼굴이네요.

A ＿＿＿＿＿＿＿＿＿(으)로 뽑혔습니다.

B 대단하네요.

私の 好きな 小説

Track 2-11-02

私の 好きな 小説は「ノルウェイの森」です。「ノルウェイの森」は 1987 年に 村上春樹に よって 書かれました。「ノルウェイの森」を はじめ 村上春樹の 小説は、世界中で 読まれて います。韓国では 1989 年に 出版されました。韓国語では「상실의 시대」と 翻訳されて います。韓国でも 愛されて いる ようです。

▶ [읽기 연습]을 참고하여 자신이 좋아하는 작품에 대해 써 봅시다.

▶ 낱말과 표현

小説 소설 │ **ノルウェイ** 노르웨이 │ **森** 숲 │ **〜を はじめ** 〜을(를) 비롯해서 │ **世界中** 전 세계 │ **出版** 출판 │
翻訳 번역 │ **愛する** 사랑하다

問題1 （　　　）に なにを いれますか。①・②・③・④から いちばん いい ものを ひとつ えらんで ください。

1 この 本は 女性に よく （　　　） いる。

① 読んで　　　　② 読み　　　　③ 読まれて　　　④ 読みに なって

2 友人の お姉さんの 結婚式に 招待 （　　　）。

① された　　　　② しられた　　　③ されられた　　④ すられた

3 好きな お菓子を 妹に （　　　）。

① 食べた　　　　② 食べれた　　　③ 食べたかった　④ 食べられた

4 私は 先生 （　　　） 名前を 呼ばれました。

① が　　　　　　② に　　　　　　③ で　　　　　　④ を

問題2 ＿＿★＿＿ に はいる ものは どれですか。①・②・③・④から いちばん いい ものを ひとつ えらんで ください。

5 昨日 すり＿＿＿＿ ＿＿＿＿ ＿★＿ ＿＿＿＿ました。

① を　　　　　　② 財布　　　　　③ 盗まれ　　　　④ に

レジャー施設 레저 시설

遊園地
놀이공원

テーマパーク
테마 파크

動物園
동물원

植物園
식물원

水族館
수족관

博物館
박물관

美術館
미술관

科学館
과학관

展望台
전망대

キャンプ場
캠프장

スキー場
스키장

スケート場
스케이트장

158

運転を させます。
うん てん

운전을 시킵니다.

point

01 동사 사역(使役)형 활용

02 동사 사역수동(使役受身)형 활용

회화 ··· Dialogue

Track 2-12-01

松本　シンさん、バーベキューの 準備 どうですか。

申　　はい、うまく 行って いますよ。

松本　車の 運転は 誰が しますか。

申　　男子学生に 運転を させます。

松本　食べ物は どうしますか。

申　　女子学生に 買いに 行かせます。

▶ 낱말과 표현

バーベキュー 바비큐 | うまく 行く 잘 되어 가다 | 運転 운전 | 男子 남자 | 食べ物 음식 | 女子 여자

01 　동사 사역형 활용

3그룹 동사	불규칙적인 활용. する → させる, くる → こさせる
2그룹 동사	る를 떼고 させる를 붙인다. いる → いさせる, たべる → たべさせる
1그룹 동사	어미(u단)를 a단으로 바꾸고 せる를 붙인다. かく → かかせる, のむ → のませる, まつ → またせる ※단, 'う'로 끝나는 동사는 'あ'가 아니라 'わ'로 바꾼다. かう → かわせる, いう → いわせる

Tip

사역형은 모두 2그룹 동사로
활용합니다.

かく(1그룹)
↓
かかせる(2그룹)
↓
かかせます

| 확인하기 |

기본형	뜻	그룹	사역형	기본형	뜻	그룹	사역형
買う	사다	1		帰る	돌아가다	1	
いる	있다	2		来る	오다	3	
話す	말하다	1		働く	일하다	1	
勉強する	공부하다	3		遊ぶ	놀다	1	
読む	읽다	1		覚える	외우다	2	

| 예문 |

❶ 妹に 部屋の 掃除を させました。 여동생에게 방 청소를 시켰습니다.

❷ 朝早く 学校に 来させました。 아침 일찍 학교에 오게 했습니다.

❸ 説明を 聞きに 行かせました。 설명을 들으러 가게 했습니다.

❹ そばに いさせて ください。 곁에 있게 해 주세요.

▶ **낱말과 표현**

部屋 방 | 掃除 청소 | 朝早く 아침 일찍 | 説明 설명 | そば 곁, 옆

❺ ここは 私に 払わせて ください。

여기는 제가 지불하도록 해 주세요.

02 동사 사역수동형 활용

》 접속 형태 비교

기본형	그룹	사역형 → 사역수동형
する 하다	3	させる + られる → させられる
たべる 먹다	2	たべさせる + られる → たべさせられる
いく 가다	1	いかせる + られる → いかせられる いかせる + される → いかされる

Tip

1그룹 동사의 경우, ～せられる, ～される의 두 가지 형태가 있고 ～される를 사용하는 경우가 더 많습니다.

| 예문 |

❶ 1時間も 待たされました。

1시간이나 (그리고 싶지 않은데) 기다렸습니다.

❷ 単語を 覚えさせられました。

단어를 (그리고 싶지 않은데) 외웠습니다.

❸ 日本語で 発表させられました。

(그리고 싶지 않은데) 일본어로 발표했습니다.

❹ 子供の 頃、塾に 通わされました。

어렸을 때 (그리고 싶지 않은데) 학원에 다녔습니다.

❺ 上司に 歌を 歌わされました。

상사가 시켜서 (그리고 싶지 않은데) 노래를 불렀습니다.

Tip

사역수동형은 다른 사람이 시켜서 본의 아니게 하게 되는 경우에 사용합니다.

掃除を しました。
청소를 했습니다.

掃除を させられました。
(하기 싫은데 누가 시켜서 어쩔 수 없이) 청소를 했습니다.

▶ **낱말과 표현**

払う (돈을) 내다 | ～も ～(이)나 | 待つ 기다리다 | 単語 단어 | 覚える 외우다 | 発表 발표 | 子供の 頃 어릴 적 |
塾 학원 | 通う 다니다 | 上司 상사 | 歌を 歌う 노래를 부르다

▶ 아래 예와 같이 문장을 완성해 봅시다.

예)

食べる

→ 肉を 食べさせました。 고기를 먹게 합니다.

❶

練習する

→ 夜 遅くまで _____。

❷

調べる

→ 漢字の 意味を _____。

❸

怒る

→ 友達を _____。

❹

働く

→ ここで _____ ください。

▶ 낱말과 표현

肉 고기 | 練習する 연습하다 | 夜遅くまで 밤늦게까지 | 調べる 알아보다 | 漢字 한자 | 意味 의미 | 怒る 화내다 |
働く 일하다

▶ 아래 예와 같이 문장을 완성해 봅시다.

예)

立つ

→ 廊下に 立たせられました(立たされました)。

(선생님이 억지로 시켜서) 복도에 섰습니다.

❶ 走る

→ 運動場を _____ 。

❷ 勉強する

→ 一日中 _____ 。

❸ 飲む

→ お酒を _____ 。

❹ 食べる

→ 野菜を _____ 。

▶ 낱말과 표현

立つ 서다 | 廊下 복도 | 走る 달리다 | 運動場 운동장 | 一日中 하루 종일 | 野菜 야채

▶ 주어진 질문에 예와 같이 대답해 봅시다.

① あなたの 分身ロボットが います。何を させますか。

예) 私の 代わりに 学校に 行かせて、日本語を 勉強させます。

_____

② 子供に 何を させたいですか。

예) ピアノを させたいです。

_____

③ 子供の 頃、親に 何を させられましたか。

예) テコンドーを 習わされました。

_____

▶ **낱말과 표현**

分身ロボット 분신 로봇 ｜ **～の 代わりに** ~대신에 ｜ **子供** 아이, 어린이 ｜ **子供の 頃** 어릴 적 ｜ **親** 부모 ｜
テコンドー 태권도 ｜ **習う** 배우다

▶ 한국어 해석을 참고하여 밑줄 친 부분에 적절한 단어를 넣어 연습해 봅시다.

A _____さん、_____の 準備は どうですか。

B はい、うまく 行って いますよ。

A _____は どうしますか。

B _____。

A _____は どうしますか。

B _____。

A _____ 씨, (발표, 바비큐, MT 등) 의 준비는 어떻습니까?

B 네, 잘 되어 가고 있습니다.

A _____은(는) 어떻게 하겠습니까?

B (누구에게 어떻게 시키는지 말한다) .

A _____은(는) 어떻게 하겠습니까?

B (누구에게 어떻게 시키는지 말한다) .

私の 母

Track 2-12-02

私の 母は、躾が 厳しかったです。門限が あって、その 時間に 帰らされました。父と 話す 時は 敬語を 使わされました。また 母の 話を 聞く 時は 正座を させられました。

こんな 厳しい 母ですが、全て 自立心を 育てる ためでした。母が 子育てで 重視したのは、まず 自分の 頭で 考えさせる ことでした。その おかげで、困難な ことが あっても、自分で 克服できるように なりました。

▶ [읽기 연습]을 참고하여 자신이 받은 가정 교육에 대해 써 봅시다.

▶ 낱말과 표현

躾 가정 교육 | **厳しい** 엄하다 | **門限** 통금 시간 | **話す** 이야기하다 | **時** 때 | **敬語** 경어 | **使う** 사용하다 |
正座 정좌(무릎 꿇고 앉음) | **全て** 모두 | **自立心** 자립심 | **育てる** 키우다 | **ため** 위해서 | **子育て** 육아 |
重視 중요시 | **まず** 먼저 | **自分** 자신 | **頭** 머리 | **考える** 생각하다 | **おかげで** 덕분에 | **困難な** こと 어려운 일 |
自分で 스스로 | **克服する** 극복하다

問題 1 （　　　）に なにを いれますか。①・②・③・④から いちばん いい ものを ひとつ えらんで ください。

1　母は 弟に 買い物に （　　　）ました。

① 行かれ　　　② 行かられ　　　③ 行かさせ　　　④ 行かせ

2　毎日 先生に 運動場を （　　　）ました。

① 走られ　　　② 走れ　　　③ 走らされ　　　④ 走り

3　今日は アルバイトを （　　　）ください。

① 休めて　　　② 休めさせて　　　③ 休まさせて　　　④ 休ませて

4　私は 先輩（　　　）お酒を 飲まされました。

① が　　　　　② に　　　　　③ で　　　　　④ を

問題 2 　　　　　の ぶんと だいたい おなじ いみの ぶんが あります。①・②・③・④から いちばん いい ものを ひとつ えらんで ください。

5　私は 課長に 踊りを 踊らされました。

① 課長は 私に 踊りを 踊らせました。

② 課長は 私と 踊りを 踊りました。

③ 私は 課長に 踊りを 踊らせました。

④ 私は 課長と 踊りを 踊らされました。

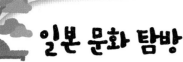

일본 문화 탐방

▶ **도쿄는 서울보다 춥다?**

　겨울을 도쿄(東京)에서 지내 본 서울 사람들이 종종 하는 소리가 "도쿄는 서울보다 춥다"입니다. 가장 추운 1월 평균 기온만 비교해도 서울은 영하 2~3℃, 도쿄는 영상 5~6℃ 가량으로 서울이 훨씬 추운데, 도대체 왜 그런 말이 나오는 것일까요?

　일본 사람들이 추운 겨울에 한국의 가정집을 방문하고 신기해하는 것이 바로 온돌 난방입니다. 이보다 더 효율적으로 집과 방과 몸과 마음을 데워 주는 난방 시스템이 있을까요? 아무튼 일본 사람들이 한국에 와서 온돌에 확 반해 버린다고 합니다.

　일본에서 사용되는 가장 일반적인 난방 기구는 에어컨입니다. 그러나 에어컨은 방이 따뜻해질 때까지 시간이 걸리고 전기세도 많이 나오기 때문에 효율적이지도 경제적이지도 않아 사용하기 불편한 점이 많습니다. 그래서 대부분 집에서는 고타쓰(こたつ), 석유 스토브, 가스 팬히터 등을 병용합니다. 집 전체를 데우는 난방 시스템이 전혀 없는 것은 아니지만 보편화되어 있지 않고, 한국의 아파트처럼 베란다 창문이 이중으로 되어 있지 않아 온도를 오래 유지하지 못합니다. 난방을 꺼놓은 방은 바깥 기온과 거의 다를 바 없고 잘 때도 안전을 위해 난방을 끄는 것이 일반적이기 때문에 한국의 집처럼 포근함은 느낄 수 없습니다. 이러한 점들이 서울(한국)보다 도쿄가(일본이) 더 춥게 느껴지는 이유가 아닐까 싶습니다.

　그렇지만 일본의 난방에도 한국과는 또 다른 매력이 있습니다. 그것은 바로 고타쓰입니다. 안쪽에 전기 난로나 히터가 달린 상 위에 이불이나 담요를 덮어 사용하는 일본 전통 난방 기구지요. 가족들이 고타쓰가 설치된 방에 모여 함께 몸을 녹이면서 매서운 추위를 견딥니다. 고타쓰에 들어가 가족들과 함께 밀감을 까 먹으면서 TV를 보는 것이 화목한 가족의 상징이기도 하지요. 고타쓰를 중심에 두고 가족들의 애정이 오가는 아담하고도 따뜻한 공간. 예부터 전해오는 일본의 겨울 풍경입니다.

◀ 고타쓰의 겉과 속

習い事 <small>なら ごと</small> 사교육

英会話 <small>えいかいわ</small>
영어회화

パソコン
컴퓨터

ピアノ
피아노

絵画 <small>かいが</small>
회화(미술)

書道 <small>しょどう</small>
서예

体操 <small>たいそう</small>
체조

ヨガ
요가

スイミング
수영

ダンス
댄스

バレエ
발레

そろばん
주산

生け花 <small>いばな</small>
꽃꽂이

おかけ ください。

앉으십시오.

point

🎵 Track 2-13-01

井上 ソさん、どうぞ おかけ ください。

徐 失礼します。

井上 ここは、すぐに おわかりに なりましたか。

徐 はい、先生が 詳しく 場所を 教えて くださいました。

井上 そうですか。何か お飲み物でも 召し上がりますか。

徐 いいえ、おかまいなく。

Tip

한국어의 '앉다'에 대응하는 표현으로는 座る와 かける가 있는데, 상대방에게 권할 때는 かける를 쓰는 경우가 많습니다.

▶ **낱말과 표현**

どうぞ 상대방에게 무언가를 권할 때 쓰는 말 | かける 앉다 | 失礼します 실례하겠습니다 | わかる 알다, 이해하다 |
詳しく 자세히 | 場所 장소 | 教える 가르치다 | (お)飲み物 음료(마실 것) | ～でも ～라도 | 召し上がる 드시다 |
おかまいなく 신경 쓰지 마세요, 괜찮습니다

01 존경 동사

	존경 동사	～ます
いる 있다		
行く 가다	いらっしゃる	いらっしゃいます
来る 오다		
する 하다	なさる	なさいます
言う 말하다	おっしゃる	おっしゃいます
くれる 주다	くださる	くださいます
食べる 먹다	召し上がる	召し上がります
飲む 마시다		
見る 보다	ご覧に なる	ご覧に なります

Tip

いらっしゃる、なさる、おっしゃ
る、くださるに ますを 붙일 때
는 주의가 필요합니다.

| 예문 |

❶ 先生は 教室に いらっしゃいます。

선생님은 교실에 계십니다.

❷ 何を 召し上がりますか。

무엇을 드시겠습니까?

❸ この 映画を ご覧に なりましたか。

이 영화를 보셨습니까?

❹ 何と おっしゃいましたか。

뭐라고 말씀하셨습니까?

02 　お【ます형】に なる　존경 표현

» 待<small>ま</small>つ 기다리다 → お待<small>ま</small>ちに なる 기다리시다

» 使<small>つか</small>う 사용하다 → お使<small>つか</small>いに なる 사용하시다

| 예문 |

❶ 先生<small>せんせい</small>は もう お帰<small>かえ</small>りに なりました。

　선생님은 이미 (댁에) 돌아가셨습니다.

❷ どんな 音楽<small>おんがく</small>を お聞<small>き</small>きに なりますか。

　어떤 음악을 들으십니까?

❸ この 本<small>ほん</small>を お読<small>よ</small>みに なった ことが ありますか。

　이 책을 읽으신 적이 있습니까?

Tip

수동형과 같은 (ら)れる를 사용하는 존경 표현도 있습니다. 각 예문을 이 형태로 바꾸면 다음과 같습니다.

① 先生<small>せんせい</small>は もう 帰<small>かえ</small>られました。
② どんな 音楽<small>おんがく</small>を 聞<small>き</small>かれますか。
③ この 本<small>ほん</small>を 読<small>よ</small>まれた ことが ありますか。

Tip

'한자어+する'의 경우 'お~に 되る'가 아니라 'ご~に 되る'의 형태로 존경을 나타냅니다.

利用<small>りよう</small>する(이용하다)
→ ご利用<small>りよう</small>に なる(이용하시다)
説明<small>せつめい</small>する(설명하다)
→ ご説明<small>せつめい</small>に なる(설명하시다)

03 　お【ます형】ください　존경의 의뢰 표현

» 待<small>ま</small>つ 기다리다 → お待<small>ま</small>ち ください 기다려 주십시오 / 기다리십시오

» 使<small>つか</small>う 사용하다 → お使<small>つか</small>い ください 사용해 주십시오 / 사용하십시오

| 예문 |

❶ 説明<small>せつめい</small>を お読<small>よ</small>み ください。 설명을 읽어 주십시오.

❷ 駐車券<small>ちゅうしゃけん</small>を お取<small>と</small>り ください。 주차권을 뽑아 주십시오.

❸ ご自由<small>じゆう</small>に お使<small>つか</small>い ください。 편하게 사용하십시오.

▶ **낱말과 표현**

説明<small>せつめい</small> 설명 ｜ 駐車券<small>ちゅうしゃけん</small> 주차권 ｜ 取<small>と</small>る 뽑다 ｜ ご自由<small>じゆう</small>に 자유롭게, 편하게 ｜ 使<small>つか</small>う 사용하다

▶ 아래 예와 같이 존경 표현으로 바꿔 문장을 완성해 봅시다.

예)

何時に 帰りますか。

→ 何時に お帰りに なりますか。

❶ どんな 歌を よく 歌いますか。

→ _____。

❷ 昨日 何を 食べましたか。

→ _____。

❸ いつ 家に いますか。

→ _____。

❹ 最近、映画を 見ましたか。

→ _____。

❺ 週末、よく 何を しますか。

→ _____。

▶ 낱말과 표현

歌を 歌う 노래를 부르다 | よく 자주, 흔히 | 最近 최근, 요즘 | どちら 어디(どこ보다 공손한 말투) | 住む 살다, 거주하다 |
週末 주말

▶ 아래 예와 같이 존경 표현으로 바꿔 문장을 완성해 봅시다.

예)

ちょっと、待<small>ま</small>って ください。
→ 少々<small>しょうしょう</small>、お待<small>ま</small ち ください。

❶

どうぞ、入<small>はい</small>って ください。

→ どうぞ、＿＿＿＿＿＿＿＿＿＿＿。

❷

これを 使<small>つか</small>って ください。

→ これを ＿＿＿＿＿＿＿＿＿＿＿。

❸

一列<small>いちれつ</small>で 並<small>なら</small>んで ください。

→ 一列<small>いちれつ</small>で、＿＿＿＿＿＿＿＿＿。

❹

手<small>て</small>すりに つかまって ください。

→ 手<small>て</small>すりに ＿＿＿＿＿＿＿＿＿。

▶ **낱말과 표현**

待<small>ま</small>つ 기다리다 | 入<small>はい</small>る 들어가(오)다 | 使<small>つか</small>う 사용하다 | 一列<small>いちれつ</small> 한 줄 | 並<small>なら</small>ぶ 줄 서다 | 手<small>て</small>すり (작대기형) 손잡이 |

つかまる (넘어지거나 떨어지지 않게) 잡다

▶ 다음 질문을 존경 표현으로 바꾸어 봅시다.

① お子_こさんが いますか。

→ _____ 。

② 毎日_{まいにち} テレビを 見_みますか。

→ _____ 。

③ どちらに 住_すんで いますか。

→ _____ 。

④ 毎日_{まいにち} コーヒーを 飲_のみますか。

→ _____ 。

⑤ バスに 乗_のって 学校_{がっこう}に 来_きますか。

→ _____ 。

⑥ ゴルフを しますか。

→ _____ 。

⑦ 本_{ほん}を よく 読_よみますか。

→ _____ 。

▶ 낱말과 표현

お子_こさん 자녀 분 | 毎日_{まいにち} 매일 | ゴルフ 골프

▶ 한국어 해석을 참고하여 밑줄 친 부분에 적절한 단어를 넣어 연습해 봅시다.

A _____さん、どうぞ _____ ください。

B 失礼します。

A ここは、すぐに おわかりに なりましたか。

B はい、先生が 場所を _____

くださいました。

A そうですか。

何か 飲み物でも _____。

B いいえ、おかまいなく。

A _____ 씨, 앉으 / 들어오 십시오.

B 실례하겠습니다.

A 여기는 바로 찾으실 수 있었습니까?

B 네, 선생님께서 장소를 가르쳐 / 설명해 주셨습니다.

A 그래요. 뭐 음료라도 드시겠습니까 ?

B 아니요, 괜찮습니다.

Tip

'飲む(마시다)'의 경우 召し上がる와 お飲みに なる 둘 다 자주 사용합니다. '食べる(먹다)'의 경우 お食べに なる도 사용할 수 없는 것은 아니지만, 召し上がる를 사용하는 것이 무난합니다.

읽기 연습 .... Reading

先生への 手紙

 Track 2-13-02

三浦先生、お元気で いらっしゃいますか。日本に 来て もう 3ヶ月が 過ぎました。先生が いつも おっしゃって いた 「楽しく 前向きに」という 言葉を いつも 思い出します。少しくらい 発音が 悪くても 通じるし、ひとつずつ 新しい 表現を 覚えるのが 楽しい 毎日です。先生、5月に お引越しを なさると 聞いて いましたが、無事に 終えられましたか。今度、日本に お帰りに なる ときは ご連絡 ください。また、お目に かかるのを 楽しみに して います。

쓰기 연습 .... Writing

▶ [읽기 연습]을 참고하여 아는 선생님께 편지를 써 봅시다.

낱말과 표현

手紙 편지 | お元気で いらっしゃいますか 잘 지내고 계십니까? | ~ヶ月 ~개월 | 過ぎる 지나다 | いつも 늘, 항상 | 楽しく 즐겁게 | 前向きに 긍정적으로 | 言葉 말 | ~を 思い出す ~이(가) 생각나다 | 少しくらい 조금쯤, 약간 | 発音 발음 | 悪い 나쁘다 | 通じる 통하다 | ~ずつ ~씩 | 表現 표현 | 覚える 외우다 | 引越し 이사 | 無事に 무사히 | 終える 끝내다 | 今度 다음에 | とき 때 | 連絡 연락 | お目にかかる 뵙다 | 楽しみに する 간절히 바라며 기다리다

問題1 ＿＿＿ の ことばは どう よみますか。①・②・③・④から いちばん いい ものを ひとつ えらんで ください。

1 先生は コーヒーを 召し上がります。

① めしさがります　　　　　② ましさがります

③ めしあがります　　　　　④ ましあがります

2 あちらを ご覧ください。

① ごらん　　　② ごかん　　　③ ごわん　　　④ ごなん

問題2 （　　　）に なにを いれますか。①・②・③・④から いちばん いい ものを ひとつ えらんで ください。

3 お客様、あちらで 少々 （　　　） ください。

① 待ち　　　② お待って　　　③ お待ち　　　④ お待たせ

4 先生は 音楽を （　　　） います。

① お聞いて　　　　　　② お聞きに して

③ お聞きに なって　　　④ お聞きに なさって

5 週末、どちらへ （　　　）。

① なさいますか　　　　② くださいますか

③ おっしゃいますか　　④ いらっしゃいますか

일본 문화 탐방

▶ **도쿄 vs 오사카? 일본의 동서 문화 전쟁**

오사카(大阪)를 중심으로 한 간사이(関西) 지방은 도쿄(東京)를 중심으로 한 간토(関東) 지방을 항상 라이벌로 여기는 경향이 있습니다. 그래서인지 일본에서는 다른 지방에 비해 문화의 대립 구조가 항상 '도쿄(간토) vs 오사카(간사이)'로 형상화됩니다.

먼저 언어 면에서는 도쿄와 오사카는 억양이 전혀 다릅니다. 도쿄 말만 공부한 외국인이 처음 오사카 말을 들으면 일본어가 아니라 다른 나라 언어라고 착각할 수도 있습니다. 물론 어휘도 많이 다릅니다. 예를 들어 '물건을 제자리에 돌려놓다'라는 뜻으로 도쿄에서는 'しまう(치우다)'를 사용하는데, 오사카에서는 'なおす(전국적으로 '고치다'의 뜻으로 널리 사용됨)'를 사용해서 "これ なおしといて(이거 치워 놓아)"라고 말합니다. 도쿄 사람이 들으면 고장도 나지 않은 물건을 왜 고치라고 하는 것인지 고개를 갸우뚱거릴 수도 있겠지요. 그 외에도 'ばか(바보)'와 'あほ', 'だめ(안 된다)'와 'あかん', '変な(이상한)'와 'けったいな' 등등(후자가 오사카 말) 예를 들자면 끝이 없습니다.

음식의 예를 들자면 '肉(고기)'라고 하면 보통 도쿄에서는 돼지고기를 가리키고 오사카에서는 쇠고기를 가리키기 때문에 가정요리의 대표 선수 '肉じゃが(고기 감자 조림)'에는 도쿄에서는 돼지고기, 오사카에서는 쇠고기를 넣습니다. 떡도 도쿄는 네모난 모양이고 오사카는 둥근 모양입니다. 우동이나 라면 등의 국물도 색깔이 달라 특히 간사이 사람들이 도쿄의 진한 국물 색깔을 보고 놀랄 때가 많습니다.

성격 면에서도 예를 들어 도쿄 사람들은 비싸고 좋은 물건을 샀다고 자랑하는 데 비해 오사카 사람들은 좋은 물건을 싸게 샀다고 자랑합니다.

이렇게 오늘도 일본 어딘가에서 발생하고 있는 동서 문화 전쟁. 여러분도 도쿄(간토)와 오사카(간사이), 두 지방을 모두 가 보고 문화권의 차이를 직접 느껴 보는 것은 어떨까요?

생활 어휘 ··· Vocabulary

ビジネス 비즈니스

きゅうりょう
給料
급여

ボーナス
보너스

じ む しょ
事務所
사무실

じょう し
上司
상사

ぶ か
部下
부하

どうりょう
同僚
동료

かい ぎ
会議
회의

しゅっちょう
出張
출장

とりひきさき
取引先
거래처

けいやく
契約
계약

めい し
名刺
명함

きゅう か
休暇
휴가

お持ち しましょうか。

들어 드릴까요?

point

Track 2-14-01

木村　クォンさんですね。はじめまして。木村と 申します。

権　　あ、木村さんですか。はじめまして。

木村　ホテルまで お送り します。

権　　ありがとうございます。よろしく お願い いたします。

木村　そちらの 荷物、重そうですね。お持ち しましょうか。

権　　すみません。

▶ **낱말과 표현**

~と 申します ~라고 합니다 ┃ 送る 데려다 주다 ┃ 荷物 짐 ┃ 重い 무겁다 ┃ 持つ 들다

01 겸양 동사

	겸양 동사	～ます
いる 있다	おる	おります
行<ruby>い</ruby>く 가다	参<ruby>まい</ruby>る	参<ruby>まい</ruby>ります
来<ruby>く</ruby>る 오다		
する 하다	いたす	いたします
言<ruby>い</ruby>う 말하다	申<ruby>もう</ruby>す	申<ruby>もう</ruby>します
食<ruby>た</ruby>べる 먹다	いただく	いただきます
飲<ruby>の</ruby>む 마시다		
もらう 받다		
見<ruby>み</ruby>る 보다	拝見<ruby>はいけん</ruby>する	拝見<ruby>はいけん</ruby>します
知<ruby>し</ruby>る 알다	存<ruby>ぞん</ruby>じる	存<ruby>ぞん</ruby>じます
聞<ruby>き</ruby>く 듣다, 묻다	伺<ruby>うかが</ruby>う	伺<ruby>うかが</ruby>います
訪問<ruby>ほうもん</ruby>する 방문하다		

| 예문 |

❶ 木村<ruby>きむら</ruby>と 申<ruby>もう</ruby>します。 기무라라고 합니다.

❷ 韓国<ruby>かんこく</ruby>から 参<ruby>まい</ruby>りました。 한국에서 왔습니다.

❸ ちょっと 伺<ruby>うかが</ruby>いたい ことが あります。

조금 여쭙고 싶은 것이 있습니다.

❹ 先生<ruby>せんせい</ruby>の 論文<ruby>ろんぶん</ruby>を 拝見<ruby>はいけん</ruby>しました。 선생님의 논문을 봤습니다.

▶ 낱말과 표현

論文<ruby>ろんぶん</ruby> 논문

02 お【ます형】する 겸양 표현

» 会う 만나다 → お会い する 뵙다

» 話す 말하다 → お話し する 말씀드리다

| 예문 |

❶ 駅まで お送り します。

역까지 모셔다 드리겠습니다.

❷ タクシーを お呼び しましょうか。

택시를 불러 드릴까요?

❸ すぐに お調べ します。

당장 알아보겠습니다.

❹ 私が お支払い いたします。

제가 지불하겠습니다.

❺ 1万円 お預かり いたします。

만 엔 받겠습니다.

Tip

する 대신 する의 겸양 동사 いた
す를 사용하는 경우도 많습니다.

お話し します
→ お話し いたします

Tip

預かる는 물건 따위를 받아서 일
시적으로 보관한다는 뜻입니다.

▶ **낱말과 표현**

駅 역 | タクシー 택시 | 呼ぶ 부르다 | すぐに 당장, 바로 | 調べる 알아보다 | 支払う 지불하다 |
預かる 맡다, 보관하다

03　그 외 존경 표현

03-1 お/ご+명사

お나 ご를 단어 앞에 붙이면 정중한 인상을 줄 수 있습니다. 일본 고유어 앞에는 お, 한자어 앞에는 ご를 붙이는 것이 기본이지만 그렇지 않은 경우도 있습니다.

お+일본 고유어	お_{かね}金 돈 お_{みず}水 물 등등	お_{さけ}酒 술 お_{な まえ}名前 성함	お_{まつ}祭り 축제 お_{みせ}店 가게
ご+한자어	ご_{じゅうしょ}住所 주소 ご_{けっこん}結婚 결혼 등등	ご_{れんらく}連絡 연락 ご_{あんない}案内 안내	ご_{り よう}利用 이용 ご_{しょうかい}紹介 소개
예외	お_{でん わ}電話 전화 お_{ちゃ}茶 차 등등	お_{そう じ}掃除 청소 お_{じ かん}時間 시간	お_{しょく じ}食事 식사 お_{げん き}元気 건강

03-2 정중한 표현

さっき 아까	さきほど
後で 나중에	後ほど
ここ 여기	こちら
どこ 어디	どちら
あります 있습니다	ございます
どうですか 어떻습니까?	いかがですか
いいですか 되겠습니까?	よろしいですか
家 집	お宅
誰 누구	どなた, どちら様
～です ～입니다	～で ございます

| 예문 |

❶ 後ほど ご連絡 します。 나중에 연락드리겠습니다.

❷ お食事は いかがでしたか。 식사는 어떠셨습니까?

❸ お宅に 伺っても よろしいでしょうか。 댁에 찾아가도 되겠습니까?

❹ 質問は ございませんか。 질문은 없으십니까?

▶ **낱말과 표현**

質問 질문

▶ 아래 예와 같이 문장을 완성해 봅시다.

예)

持<small>も</small>つ

A 重<small>おも</small>いです。 무겁습니다

B <u>お持<small>も</small>ち しましょうか</u>。 들어 드릴까요?

①

書<small>か</small>く

A 書<small>か</small>けません。

B _____。

②

取<small>と</small>る

A 取<small>と</small>れません。

B _____。

③

送<small>おく</small>る

A 駅<small>えき</small>まで 行<small>い</small>きます。

B _____。

④

貸<small>か</small>す

A 傘<small>かさ</small>を 忘<small>わす</small>れました。

B _____。

▶ **낱말과 표현**

重<small>おも</small>い 무겁다 ｜ 持<small>も</small>つ 들다 ｜ 書<small>か</small>く 쓰다 ｜ 取<small>と</small>る (물건을) 잡다 ｜ 駅<small>えき</small> 역 ｜ 傘<small>かさ</small> 우산 ｜ 忘<small>わす</small>れる 잊다, 깜빡하다 ｜ 貸<small>か</small>す 빌려주다

▶ 주어진 질문에 예와 같이 겸양 표현을 사용해서 대답해 봅시다.

① お名前は 何と おっしゃいますか。

예) 山田と 申します。

_____

② いつ 〇〇に いらっしゃいましたか。

예) 去年、〇〇に 参りました。

_____

③ 〇〇先生を ご存じですか。

예) はい、存じて います。

_____

④ どちらに 住んで いらっしゃいますか。

예) カンナムに 住んで おります。

_____

▶ 낱말과 표현

ご存じだ 알고 계시다

▶ 한국어 해석을 참고하여 밑줄 친 부분에 적절한 단어를 넣어 연습해 봅시다.

A _____さんですね。はじめまして。_____と 申^{もう}します。

B あ、_____さんですか。はじめまして。

A _____まで お送^{おく}り します。

B ありがとうございます。よろしく お願^{ねが}い いたします。

A _____、重^{おも}そうですね。お持^もち しましょうか。

B すみません。

A _____ 씨지요? 처음 뵙겠습니다. _____라고 합니다.

B 아, _____ 씨입니까? 처음 뵙겠습니다.

A (장소 아무데나) 까지 모셔다 드리겠습니다.

B 감사합니다. 잘 부탁드립니다.

A (물건 아무거나) , 무거워 보이네요. 들어 드릴까요?

B 감사합니다.

デパートでの アナウンス

Track 2-14-02

本日も チョアヨデパートに ご来店 いただきまして、誠に ありがとうござ
います。お客様に ご案内 申しあげます。ただ今、5階の ギフトコーナー
に おきまして、クリスマスの イベントを 開催中で ございます。どうぞ
ご来場 ください。

地下鉄での アナウンス

まもなく、〇〇行きの 電車が 参ります。白線の 内側まで 下がって お待
ち ください。
次は 〇〇駅で ございます。2号線に お乗り換えの お客様は こちらの 駅
で お乗り換え ください。

▶ **낱말과 표현**

アナウンス 안내 방송 | **本日** 오늘 | **来店** 내점 | **誠に** 진심으로 | **お客様** 손님 | **案内** 안내 |
申しあげる 말씀드리다 | **ただ今** 지금 | **ギフトコーナー** 선물 코너 | **クリスマス** 크리스마스 | **イベント** 행사 |
開催中 개최 중 | **来場** 그 장소에 옴 | **まもなく** 곧 | **~行き** ~행 | **白線** 백선 | **内側** 안쪽 | **下がる** 물러서다 |
次 다음 | **~号線** ~호선 | **乗り換える** 갈아타다

▶ [읽기 연습]을 참고하여 YouTube에서 'アナウンス'를 검색해 그 방송을 듣고 받아 적어 봅시다.

問題1 _____ の ことばは どう よみますか。①・②・③・④から いちばん いい ものを
ひとつ えらんで ください。

1 パスポートを 拝見します。

① はいみ 　　　② はいけん 　　　③ ばいみ 　　　④ ばいけん

2 木村先生を 存じて おります。

① ざい 　　　② さい 　　　③ そん 　　　④ ぞん

問題2 (　　　)に なにを いれますか。①・②・③・④から いちばん いい ものを ひとつ
えらんで ください。

3 後ほど (　　　) いたします

① お電話 　　　② ご電話 　　　③ ご電話に 　　　④ お電話に

4 明日、先生の お宅へ (　　　)。

① いたします 　　　　　　② いただきます

③ もうします 　　　　　　④ うかがいます

問題3 ＿＿＿の ぶんと だいたい おなじ いみの ぶんが あります。①・②・③・④から いちばん いい ものを ひとつ えらんで ください。

5 明日、そちらの お店に 参ります。

① 明日、そちらの お店に 申します。

② 明日、そちらの お店に おっしゃいます。

③ 明日、そちらの お店に うかがいます。

④ 明日、そちらの お店に いらっしゃいます。

テレビ 티브이

番組
ばんぐみ
프로그램

コマーシャル／CM
방송 광고

スポンサー
스폰서

チャンネル
채널

ドラマ
드라마

ニュース
뉴스

バラエティー
오락

ワイドショー
와이드 쇼

スポーツ中継
ちゅうけい
스포츠 중계

クイズ
퀴즈

ドキュメンタリー
다큐멘터리

速報
そくほう
속보

どうしたの？

무슨 일이야?

point

회화 ··· Dialogue

清水 ハンさん、元気 ないね。

韓 ちょっと 熱が あるんです。

清水 風邪？

韓 昨日、バイトで 一日中 外に いたんです。

清水 病院 行った？

韓 はい、今から 行きます。

▶ **낱말과 표현**

元気 기운 | ちょっと 조금 | 熱 열 | 風邪 감기 | 一日中 하루 종일 | 外 바깥 | 病院 병원

01 【보통체】

>> 보통체 접속

Tip

な형용사와 명사의 경우 だ를 붙이지 않는 경우도 있습니다. 특히 의문문에서는 보통 だ를 붙이지 않습니다

すごく きれいだ.
너무 예쁘다. (○)
すごく きれい。
너무 예뻐. (○)
わたし きれいだ?
나 예쁘다? (×)
わたし きれい?
나 예뻐? (○)

동사	・飲む 마신다 ・飲まない 마시지 않는다 ・飲んだ 마셨다 ・飲まなかった 마시지 않았다
い형용사	・おいしい 맛있다 ・おいしくない 맛있지 않다 ・おいしかった 맛있었다 ・おいしくなかった 맛있지 않았다
な형용사	・まじめだ 성실하다 ・まじめじゃ ない 성실하지 않다 ・まじめだった 성실했다 ・まじめじゃ なかった 성실하지 않았다
명사	・学生だ 학생이다 ・学生じゃ ない 학생이 아니다 ・学生だった 학생이었다 ・学生じゃ なかった 학생이 아니었다

| 확인하기 |

買います 삽니다	買う 산다	買わない 사지 않는다	買った 샀다	買わなかった 사지 않았다
食べます 먹습니다	먹는다	먹지 않는다	먹었다	먹지 않았다
します 합니다	한다	하지 않는다	했다	하지 않았다
来ます 옵니다	온다	오지 않는다	왔다	오지 않았다
寒いです 춥습니다	춥다	춥지 않다	추웠다	춥지 않았다
きれいです 예쁩니다	예쁘다	예쁘지 않다	예뻤다	예쁘지 않았다
本です 책입니다	책이다	책이 아니다	책이었다	책이 아니었다

| 예문 |

❶ A これ 食べない？ 이거 안 먹을래?

　　B うん、食べる。 응, 먹을래.

❷ A きのう 映画 見た？ 어제 영화 봤어?

　　B ううん、見なかった。 아니, 안 봤어.

❸ A 田中くんの 部屋 きれいだった？ 다나카 군의 방 깨끗했어?

　　B いや、すごく 汚かったよ。 아니, 너무 더러웠어.

❹ A 君が 会長？ 네가 회장이야?

　　B いや、僕じゃ ないよ。 아니, 내가 아니야.

▶ 낱말과 표현

部屋 방 ｜ **いや** 아니 ｜ **汚い** 더럽다, 지저분하다 ｜ **君** 너, 자네 ｜ **会長** 회장

02 【보통체】んです

» あります → あるんです

» 食べました → 食べたんです

» 飲みませんでした → 飲まなかったんです

Tip

んですは 보통체에 연결합니다.
단, 명사와 な형용사는 好きなん
です, 19歳なんですなてネ럼 ん です
앞에 なか 붙어 なんです 형태가
됩니다.

~んです는 앞의 문맥이나 상황에 관련시켜서 이야기할 때 사용하는 표현이며, 특히 이유·확인·변명 등을 나타낼 때 사용됩니다.

• テストが あります。 시험이 있습니다.(단순한 사실 표명)

• テストが あるんです。
  시험이 있습니다. (그래서 오늘은 놀러 가지 못한다 등의 뉘앙스를 포함함)

| 예문 |

❶ A どうしたんですか。 무슨 일이에요?

  B お腹が 痛いんです。 배가 아파서요.

❷ A 食事しませんか。 식사하지 않겠습니까?

  B すみません。今から 約束が あるんです。
  죄송합니다. 지금부터 약속이 있답니다.

❸ A 部屋が きれいですね。 방이 깨끗하군요.

  B 掃除が 好きなんです。 청소를 좋아하거든요.

❹ A 一杯 どうですか。 한 잔 어떻습니까?

  B すみません、まだ 19歳なんです。
  죄송합니다. 아직 19살이랍니다.

▶ **낱말과 표현**

テスト 시험 | **お腹** 배 | **痛い** 아프다 | **掃除** 청소 | **一杯** 한 잔

▶ 아래 예와 같이 긍정과 부정으로 묻고 대답해 봅시다.

예)

元気だ

A 久しぶり！ <u>元気</u>？ 오랜만이야! 잘 지내?

B ううん、<u>元気じゃ ない</u>。아니, 잘 못 지내.

❶

忙しい

A 今、_____ ？

B ううん、_____ 。

❷

好きだ

A 猫、_____ ？

B ううん、_____ 。

❸

いる

A 彼女／彼氏_____ ？

B ううん、_____ 。

❹

行く

A 去年、海_____ ？

B ううん、_____ 。

▶ **낱말과 표현**

忙しい 바쁘다 ｜ 好きだ 좋아하다 ｜ 猫 고양이 ｜ 彼女 여자친구 ｜ 彼氏 남자친구 ｜ いる 있다 ｜ 去年 작년 ｜ 海 바다

▶ 아래 예와 같이 ～んです를 사용하여 상황을 설명해 봅시다.

예)

歯が 痛いです。

A どうしたんですか。

B 歯が 痛いんです。

❶

A どうしたんですか。

B _____ 。

プレゼントを もらいました。

❷

A どうしたんですか。

B _____ 。

明日は 休みです。

❸

A どうしたんですか。

B _____ 。

映画が おもしろく ありませんでした。

❹

A どうしたんですか。

B _____ 。

風邪を ひきました。

▶ **낱말과 표현**

歯 이(치아) ┃ プレゼント 선물 ┃ 休み 휴일 ┃ 風邪を ひく 감기에 걸리다

▶ ～んです를 사용해 예와 같이 대화를 완성해 봅시다.

① どうして 授業に 遅刻したんですか。

예) バスが なかなか 来なかったんです。

_____

② 最近 元気が ないですね。

예) 彼女に ふられたんです。

_____

③ うれしそうですね。

예) 道で 5万ウォン札を 拾ったんです。

_____

▶ 낱말과 표현

どうして 왜 | 授業 수업 | 遅刻する 지각하다 | なかなか 좀처럼 | 最近 최근, 요즘 | ふられる 차이다 | うれしい 기쁘다 | 道 길 | 札 지폐 | 拾う 줍다

▶ 한국어 해석을 참고하여 밑줄 친 부분에 적절한 단어를 넣어 연습해 봅시다.

A ＿＿＿＿＿ さん、元気 ないね。

B ＿＿＿＿＿＿＿＿＿＿＿＿＿＿＿＿＿＿＿＿＿＿。

A 風邪?

B ＿＿＿＿＿＿＿＿＿＿＿＿＿＿＿＿＿＿＿＿＿＿＿。

A ＿＿＿＿＿＿＿＿＿＿＿＿＿＿＿＿。

B ＿＿＿＿＿＿＿＿＿＿＿＿＿＿＿＿。

A ＿＿＿＿＿ 씨, 기운이 없어 보이네요.

B ＿＿＿＿＿ (감기 증상을 말한다) ＿＿＿＿.

A 감기?

B ＿＿＿＿＿ (감기에 걸린 이유를 말한다) ＿＿＿＿.

A ＿(병원 갔어? 약 먹었어? 등 물어본다)＿.

B ＿＿＿ (앞의 말에 대해 응답한다) ＿＿＿.

日記_{にっき}

 **Track 2-15-02**

12月19日_{がつ　にち}

今日は 青山君たちと ごはんを 食べに 行った。畑山くんが 車に 乗って 来たので、みんなで 車に 乗って 行った。場所は 駅の 近くの ビュッフェレストランだった。前 みんなで 行った 店の 隣だ。

この 店は、野菜が たくさん あった。肉や 魚を 食べたかったが、久しぶりに 野菜が たくさん 食べられて 良かった。食後の デザートも 良かった。アイスクリームが ４種類も あった。コーヒーも おいしかった。平日だったが、人が たくさん 来て いた。人気が あるみたいだ。

みんなと いろいろな 話が できて おもしろかった。特に 畑山くんの 彼女の 話が おもしろかった。僕も 早く 彼女が ほしい。明日 三山さんに 電話して みよう。

> ▶ **낱말과 표현**

日記_{にっき} 일기 | 近く_{ちか} 근처 | ビュッフェ 뷔페 | 店_{みせ} 가게 | 隣_{となり} 옆 | 野菜_{やさい} 야채 | 魚_{さかな} 생선 | 食後_{しょくご} 식후 |
デザート 디저트 | 種類_{しゅるい} 종류 | 平日_{へいじつ} 평일 | 人気が_{にんき} ある 인기가 있다 | みんな 모두 | いろいろな 여러 가지 |
特に_{とく} 특히 | 早く_{はや} 빨리 | ほしい 갖고 싶다

▶ [읽기 연습]을 참고하여 보통체로 일기를 써 봅시다.

問題 1 _____ の ことばは どう よみますか。①・②・③・④から いちばん いい ものを ひとつ えらんで ください。

1 おなかが 痛いんです。

① いたい   ② かゆい   ③ ゆるい   ④ だるい

2 風邪を 引いたんです。

① がぜ   ② がせ   ③ かぜ   ④ かせ

問題 2 （　　　）に なにを いれますか。①・②・③・④から いちばん いい ものを ひとつ えらんで ください。

3 バスが なかなか （　　　）んです。

① 来ました   ② 来た   ③ 来ます   ④ 来なかった

4 A「どうしたんですか。」

B「財布を （　　　）んです。」

① 落ちた   ② 落とした   ③ 落ちました   ④ 落としました

5 A「あそこの 図書館は （　　　）？」

B「いや、けっこう うるさいよ。」

① 静か   ② 静かだ   ③ 静かな   ④ 静かの

일본 문화 탐방

▶ 오모테나시

손님에 대한 대접, 환대를 일본어로 '오모테나시(お もてなし)'라고 합니다. 이 말은 특히 2020년 도쿄올 림픽 유치를 위한 최종 프레젠테이션에서 탤런트 겸 프리랜서 아나운서인 다키가와 크리스텔(滝川クリス テル)이 손동작과 함께 한 음 한 음 끊어 말하면서 일 본의 올림픽 유치 성공에 기여한 단어로 화제가 되었 습니다.

오모테나시는 일본 음식점이나 숙박 시설 등에서 접할 수 있습니다. 최상의 오모테나시 하면 아마도 많은 사람들은 이시카와 현 와쿠라 온천에 있는 가 가야여관(加賀屋旅館)을 꼽을 것입니다. 여행업자가 투 표로 선정하는 '프로가 뽑는 호텔·여관 100선'에서 1981년부터 36년 동안 줄곧 1위를 차지했으 니까요. 2017년은 아쉽게도 3위에 머물렀습니다만.

가가야는 시설이나 요리는 물론, '오모테나시'로 1위가 되었다고 할 수 있습니다. 우선 손님이 바라는 것이라면 '못한다'는 말을 안 한다고 합니다. 어떤 손님이 가가야에 없는 술을 마시고 싶다 고 하자, 그 술을 사려고 택시로 왕복 4시간 이상이나 걸리는 거리를 다녀왔다는 일화가 있습니 다. 그 손님은 그 감동으로 가가야의 골수 팬이 되었다고 합니다.

그것은 매뉴얼 대로 하는 접대가 아니라, 개개인의 손님에게 어떻게 하면 가장 좋은 접대를 할 수 있는지 종업원이 스스로 생각하며 눈앞의 손님이 가장 기뻐하는 서비스를 하겠다는 가가야식 오모테나시 정신이 있었기에 가능한 일이었지요.

그렇게 손님을 위해 최선을 다 해도 부정적인 의견은 나오는 법입니다. 가가야에서는 숙박객 에게 앙케트조사를 실시하여 손님의 의견을 수렴해 불평·불만이 있으면 그것을 감사히 받아들 이고 불평·불만 제로 달성을 위해 끊임없이 개선하고 있다고 합니다.

가가야에 가서 일본의 오모테나시를 체험해 보면 어떨까요?

<ruby>恋愛<rt>れん あい</rt></ruby> 연애

<ruby>初恋<rt>はつこい</rt></ruby>
첫사랑

<ruby>片思い<rt>かたおも</rt></ruby>
짝사랑

<ruby>両想い<rt>りょうおも</rt></ruby>
서로 좋아함

<ruby>付き合う<rt>つ あ</rt></ruby>
사귀다

<ruby>告白する<rt>こくはく</rt></ruby>
고백하다

<ruby>失恋<rt>しつれん</rt></ruby>
실연

<ruby>一目ぼれする<rt>ひと め</rt></ruby>
첫눈에 반하다

<ruby>浮気する<rt>うわ き</rt></ruby>
바람 피우다

ナンパする
작업 걸다

ラブラブ
러브러브

<ruby>別れる<rt>わか</rt></ruby>
헤어지다

<ruby>二股を かける<rt>ふたまた</rt></ruby>
양다리를 걸치다

부록

1과

▶ 회화

야마구치 황 상의 취미는 무엇입니까?

황   사진을 찍는 것입니다. 카메라 학교에 1년 다녔습니다.

야마구치 좋네요. 저도 예쁜 사진을 찍고 싶습니다.

황   야마구치 씨의 취미는 무엇입니까?

야마구치 여행입니다. 지난 달도 미국에 갔습니다.

황   좋네요. 저도 여행을 가고 싶습니다.

▶ 읽기 연습

나의 취미

저는 취미가 세 가지 있습니다.

첫 번째는 책을 읽는 것입니다. 매일 자기 전에 30분 정도 책을 읽습니다. 소설, 수필, 아무거나 읽습니다. 다음에는 일본어 책도 읽고 싶습니다.

두 번째는 조깅입니다. 일주일에 세 번 정도 집 근처를 1시간 정도 달립니다. 올해는 마라톤 대회에 나가고 싶습니다.

세 번째는 영화를 보는 것입니다. 오래된 외국 영화를 자주 봅니다. 바쁘지만 일주일에 한 번은 영화를 보고 싶습니다.

2과

▶ 회화

마쓰모토 신 상, 어제 무엇을 했습니까?

신   동대문에 가서 영화를 보았습니다. 마쓰모토 씨는요?

마쓰모토 저는 친구를 만나서 맛있는 것을 먹었습니다.

신   좋네요. 오늘은 무엇을 할 겁니까?

마쓰모토 집에 돌아가서 잘 겁니다. 신 상은요?

신   도서관에 가서 공부할 겁니다.

▶ 읽기 연습

아침에 일어나서

오늘은 아침에 일어나서 운동을 했습니다. 집 근처를 한 시간 정도 걸었습니다. 집에 돌아가서 아침밥을 먹었습니다. 계란과 소시지를 구워서 먹었습니다. 맛있었습니다. 그리고 버스를 타고 학교에 왔습니다.

3과

▶ 회화

이노우에 여보세요. 서 상 지금 바쁩니까?

서   한가합니다. 집에서 만화를 읽고 있습니다.

이노우에 그럼 저의 집에 놀러 오지 않겠습니까?

서   좋네요. 이노우에 씨의 집은 어디입니까?

이노우에 저는 신촌에 살고 있습니다.

서   알겠습니다. 바로 가겠습니다

▶ 읽기 연습

나의 가족

저는 아버지와 어머니와 언니와 저의 4명 가족입니다.

아버지는 공무원입니다. 시청에서 일하고 있습니다. 취미는 영어입니다. 매일 영어회화 학원에 다니고 있습니다.

어머니는 백화점에서 아르바이트를 하고 있습니다. 최근에는 매일 아침 일찍 일어나서 자동차 운전을 배우고 있습니다.

언니는 회사원입니다. 서울에 혼자서 살고 있습니다. 아직 결혼하지 않았습니다.

저는 대학생입니다. 부산의 대학교에 다니고 있습니다. 관광경영학과에서 공부하고 있습니다. 시험이 가깝기 때문에 매일 전공 책을 읽고 있습니다.

4과

▶ 회화

기무라   권 상, 이 책 좀 빌려도 됩니까?

권　　　네, 됩니다. 하지만 수요일까지 돌려 주세요.
기무라　네, 알겠습니다.

권　　　수요일 기무라 씨 집에 놀러 가도 됩니까?
기무라　네, 됩니다. 역에서 버스를 타고 오세요.
권　　　네, 알겠습니다.

▶ 읽기 연습

일본에서의 매너
전철이나 버스 안에서는 조용히 해 주세요. 전화는 안 됩니다. 메일은 해도 됩니다. 노인이나 몸이 불편한 사람에게는 자리를 양보해 주세요.
음식점에서는 담배를 피우는 사람은 흡연석에 앉으세요. 흡연석에서는 담배를 피워도 됩니다. 그러나 흡연석이 없는 가게도 있습니다.
남의 집에 갈 때는 선물을 가지고 가세요. 그리고 "변변치 않은 것입니다만"이라고 말하세요. 비싼 것이라도 "변변치 않은 것입니다만"이라고 말하세요.

5과

▶ 회화

시미즈　한 상은 일본에 간 적이 있습니까?
한　　　네, 있습니다. 작년에 오키나와에 갔습니다.
시미즈　대단하네요. 저는 간 적이 없습니다.
한　　　그렇습니까? 그럼 홋카이도에 간 적은 있습니까?
시미즈　아니요, 없습니다. 하지만 내년에 여행을 갈 생각입니다.
한　　　좋겠네요. 저도 가고 싶습니다.

▶ 읽기 연습

색다른 경험
저는 헬리콥터를 탄 적이 있습니다. 호주에 여행을 갔을 때 탔습니다. 아주 재미있었지만 무서웠습니다. 그리고 요금도 아주 비쌌습니다.

개구리 고기를 먹은 적이 있습니다. 멕시코 요리 가게에 갔을 때 먹었습니다. 개구리 다리를 기름으로 튀긴 것이었지만 생각보다 맛있었습니다.
성룡을 만난 적이 있습니다. 백화점 레스토랑에서 밥을 먹고 있었습니다. 저는 용기를 내서 "헬로"라고 말했습니다. 성룡도 "헬로"라고 말했습니다.

6과

▶ 회화

나카무라　임 상은 무언가 악기를 다룰 수 있습니까?
임　　　　피아노를 조금 칠 수 있습니다. 어린 시절 배웠습니다.
나카무라　그렇군요. 저는 기타와 베이스를 칠 줄 알아요.

임　　　　나카무라 씨는 요리를 할 수 있습니까?
나카무라　예, 할 수 있습니다. 일본 요리라면 뭐든지 만들 수 있습니다.
임　　　　그렇군요. 저는 라면밖에 못 만듭니다.

▶ 읽기 연습

잘하는 일
저는 학교 공부를 별로 잘하지 못했습니다. 하지만 외국어는 좋아했기 때문에 열심히 공부했습니다. 그래서 일본어를 조금 할 수 있습니다. 한자는 어렵지만, 외우는 것은 좋아합니다. 별로 쓸 수 없습니다만, 읽을 수 있습니다.
또한 저는 컴퓨터를 잘합니다. 기본적인 소프트웨어는 대체로 사용할 수 있습니다. 다양한 언어를 사용해서 프로그램을 작성할 수도 있습니다. 컴퓨터 조립도 할 수 있습니다. 하지만 최근에는 스마트폰을 자주 사용합니다. 옛날에는 컴퓨터로 했던 것도 지금은 스마트폰으로 무엇이든 할 수 있습니다.

7과

▶ 회화

오　　수업 후에 가라오케에 가지 않겠습니까?

가토　좋아요. 하지만 오늘은 병원에 가야 합니다.

오　　내일은 어떻습니까?

가토　미안합니다. 내일은 아침까지 자지 않고 아르바이트를 해야 합니다.

오　　모레는 어떻습니까?

가토　미안합니다. 모레는 집에 돌아가 청소를 해야 합니다.

오　　그럼, 다음에 또……

▶ 읽기 연습

해야 할 일

내일은 아주 바쁜 하루입니다. 수업이 9시에 시작되므로, 아침 6시에 일어나야 합니다. 그리고 7시에 버스를 타야 합니다. 집에서 학교까지는 1시간 반 정도 걸립니다.

점심은 약속이 있어서 후배와 함께 밥을 먹습니다. 선배인 제가 돈을 내야 합니다. 그 다음은 집에 돌아가 저녁 식사 준비입니다. 엄마는 늘 늦기 때문에 제가 요리를 해야 합니다. 밤에는 공부입니다. 시험이 가까워서 많이 공부해야 합니다. 하지만 저는 자야 하는 체질이기 때문에 밤 9시에는 잡니다.

8과

▶ 회화

가토　왠지 비가 올 것 같네요.

안　　그렇네요. 하지만 일기예보에 따르면 오늘은 맑다고 해요.

가토　그거 다행이네요. 그럼, 오늘 바다에 가지 않을래요?

안　　좋아요. 그러고 보니 오늘은 바다 축제가 있다고 해요.

가토　와아, 재밌을 것 같아요.

안　　밤에는 불꽃놀이도 있대요.

▶ 읽기 연습

어디선가 들은 일본 문화

한국에서는 밥그릇을 놓고 숟가락으로 먹습니다. 하지만 일본에서는 밥그릇을 들고 젓가락으로 밥을 먹는다고 합니다. 일본의 먹는 방식은 힘들 것 같습니다. 된장국도 그릇을 들고 젓가락으로 먹는다고 합니다. 좀 어려울 것 같습니다.

또한 한국에서는 남자든 여자든 책상다리를 하고 앉는데, 일본에서는 무릎을 모으고 앉는 것이 바른 앉는 자세라고 합니다. 특히 여성은 남들 앞에서 책상다리를 하는 일이 별로 없다고 합니다. 계속 무릎을 모으고 앉아 있으면 다리가 아플 것 같습니다.

하지만 힘든 일만 있는 것은 아닙니다. 한국에서는 택시 문을 자기가 열어야 합니다만, 일본의 택시는 운전기사님이 문을 열고 닫아 준다고 합니다. 이것은 굉장히 편해 보입니다.

9과

▶ 회화

사토　남자친구가 생긴 것 같네요.

장　　무슨 말이에요?

사토　어제 남자와 함께 있는 걸 봤거든요.

장　　네? 그건 오빠예요. 오빠를 보고 남자친구라고 생각한 것 같네요.

사토　그래요? 미안해요. 오빠는 어떤 사람인가요?

장　　아주 귀여워요. 마치 남동생 같아요.

▶ 읽기 연습

관찰 기록

우리 집은 '다마'라는 수고양이를 기르고 있습니다. 다마는 가끔 인간 같은 행동을 취합니다. 뒷발로 서서 앞발로 공을 던질 수가 있습니다. 방문도 앞발로 간단히 열 수 있습니다. 보통 고양이에게는 어려운 일이라고 생각합니다만, 다마에게는 별로 어렵지 않은 것 같습니다. 기분이 좋을 때는 위를 보고 누워 손발을 펴고 잘 때도 있습니다. 마치 중년의 아저씨 같습니다. 다마는 인간의 말을 조금 이해할 수 있는 모양입니다. "그렇지" 하고 고개를 끄덕일 때는 돼지 같은 목소리를 냅니다. 나에게 있어 다마는 남동생 같은 존재입니다. 다마도 나를 누나라고 생각하는 것 같습니다.

10과

▶ 회화

야마다   한 상, 생일에 무언가 선물을 받았나요?

한   엄마에게 귀여운 물통을 받았어요. 야마다 씨는 요?

야마다   아빠가 가방을 사 주었어요.

한   그렇군요. 그런데 어머니의 날에 무언가 드렸나 요?

야마다   목걸이를 드렸어요. 한 상은요?

한   저는 꽃을 드렸어요.

▶ 읽기 연습

생일 선물
올해 생일은 가족이나 친구들로부터 많은 것을 받았습니다. 엄마는 화장품을 선물해 주었습니다. 아빠는 액세서리를 사 주었습니다. 오빠는 용돈을 주었습니다. 그리고 친구는 파티를 열어 주었습니다. 손수 만든 요리와 와인, 케이크로 축하해 주었습니다. 정말 기뻤습니다. 가족이나 친구의 생일에는 저도 여러 가지 해 주고 싶습니다.

11과

▶ 회화

야마구치   황 상, 기뻐 보이네요.

황   시험 점수가 좋아서 선생님께 칭찬받았어요.

야마구치   잘됐네요. 저는 성적이 내려가 엄마에게 혼났어 요.

황   그런데, 야마구치 씨, 오늘은 웃는 얼굴이군요.

야마구치   제 그림이 우수상에 뽑혔어요.

황   대단하네요. 저는 또 입선하지 못했어요.

▶ 읽기 연습

내가 좋아하는 소설
내가 좋아하는 소설은「ノルウェイの森(노르웨이의 숲)」입니다.「ノルウェイの森」는 1987년에 무라카미 하루키에 의해 쓰였습니다.「ノルウェイの森」를 비롯해 무라카미 하루키의 소설은 전 세계에 읽히고 있습니다. 한국에서는 1989년에 출판되었습니다. 한국어로는「상실의 시대」로 번역되어 있습니다. 한국에서도 사랑받고 있는 것 같습니다.

12과

▶ 회화

마쓰모토   신 상, 바비큐 준비 어때요?

신   예, 잘 되어 가고 있어요.

마쓰모토   자동차 운전은 누가 하죠?

신   남학생에게 운전을 시킬 거예요.

마쓰모토   음식은 어떻게 해요?

신   여학생에게 사러 가게 할 거예요.

▶ 읽기 연습

우리 엄마
우리 엄마는 가정 교육이 엄격했습니다. 통금 시간이 있어서 그 시간에 귀가해야 했습니다. 아버지와 이야기할 때는 경어를 사용해야 했습니다. 또 엄마의 이야기를 들을 때는 정좌를 해야 했습니다.
이런 엄격한 엄마입니다만, 모두 자립심을 키우기 위해서였습니다. 엄마가 육아에서 중요시한 것은 먼저 자기의 머리로 생각하게 하는 것이었습니다. 그 덕분에 어려운 일이 있어도 스스로 극복할 수 있게 되었습니다.

13과

▶ 회화

이노우에   서 상, 어서 앉으세요.

서   실례하겠습니다.

이노우에   이곳은 바로 아셨습니까?

서   네, 선생님이 자세히 장소를 가르쳐 주셨습니다.

이노우에   그렇군요. 뭔가 음료라도 드시겠습니까?

서   아니요, 괜찮습니다.

▶ 읽기 연습

선생님께 보내는 편지
미우라 선생님, 잘 지내고 계십니까? 일본에 온 지 벌써 3개월이 지났습니다. 선생님께서 항상 말씀하셨던 '즐겁고 긍정적으로'라는 말이 늘 생각납니다. 약간 발음이 나빠도 통하고, 하나씩 새로운 표현을 익히는 것이 즐거운 매일입니다. 선생님, 5월에 이사를 하신다고 들었습니다만, 무사히 끝내셨습니까? 다음번 일본에 돌아가실 때는 연락 주세요. 다시 만나 뵙기를 기대하고 있겠습니다.

14과

▶ 회화

기무라	권 상이죠. 처음 뵙겠습니다. 기무라라고 합니다.
권	아, 기무라 씨세요? 처음 뵙겠습니다.
기무라	호텔까지 모셔 드리겠습니다.
권	감사합니다. 잘 부탁드립니다.
기무라	그 짐, 무거워 보이네요. 들어 드릴까요?
권	고맙습니다.

▶ 읽기 연습

백화점에서의 안내 방송
오늘도 '좋아요 백화점'을 방문해 주셔서 진심으로 감사드립니다. 고객 여러분께 안내 말씀 드립니다. 지금 5층 기프트 코너에서 크리스마스 이벤트를 개최하고 있습니다. 부디 들러 주세요.

지하철에서의 안내 방송
잠시 후 ○○행 전차가 들어옵니다. 흰 선 안쪽으로 물러나서 기다려 주십시오.
다음은 ○○역입니다. 2호선으로 갈아타실 승객께서는 이 역에서 갈아타시기 바랍니다.

15과

▶ 회화

시미즈	한 상, 기운이 없네.
한	열이 좀 있어요.
시미즈	감기인가?
한	어제 아르바이트 때문에 하루 종일 밖에 있었거든요.
시미즈	병원 갔어?
한	네, 지금부터 가려고요.

▶ 읽기 연습

일기
12월 19일
오늘은 아오야마 군 등과 밥을 먹으러 갔다. 하타케야마 군이 자동차를 타고 왔기 때문에 다 함께 자동차를 타고 갔다. 장소는 역 근처의 뷔페 레스토랑이었다. 전에 다 같이 갔던 가게의 옆이다.
이 가게에는 야채가 많이 있었다. 고기랑 생선을 먹고 싶었지만, 오랜만에 야채를 많이 먹을 수 있어서 좋았다. 식후 디저트도 좋았다. 아이스크림이 네 종류나 있었다. 커피도 맛있었다. 평일이었지만, 사람이 많이 와 있었다. 인기가 있는 모양이다.
모두와 여러 가지 이야기를 할 수 있어서 재미있었다. 특히 하타케야마 군의 여자친구 이야기가 재미있었다. 나도 빨리 여자친구가 생겼으면 좋겠다. 내일 미야마 씨에게 전화해 봐야겠다.

1과

1 ②　2 ③　3 ④　4 ①　5 ①

2과

1 ②　2 ①　3 ③　4 ④　5 ①

3과

1 ④　2 ①　3 ③　4 ①　5 ②

4과

1 ②　2 ①　3 ②　4 ④　5 ④

5과

1 ④　2 ④　3 ③　4 ①　5 ④

6과

1 ②　2 ④　3 ②　4 ③　5 ③

7과

1 ②　2 ④　3 ①　4 ③　5 ②

8과

1 ①　2 ③　3 ②　4 ④　5 ④

9과

1 ②　2 ①　3 ③　4 ④　5 ④

10과

1 ②　2 ①　3 ①　4 ①　5 ③

11과

1 ③　2 ①　3 ④　4 ②　5 ①

12과

1 ④　2 ③　3 ④　4 ②　5 ①

13과

1 ③　2 ①　3 ③　4 ③　5 ④

14과

1 ②　2 ④　3 ①　4 ④　5 ③

15과

1 ①　2 ③　3 ④　4 ②　5 ①

は

わ

참고 문헌

□ 문선희, 유창석, 김영, 『감바레 일본어STEP1』 동양북스(2013)

□ 문선희, 임만호, 유창석, 『감바레 일본어 STEP2』 동양북스(2014)

□ 島田洋子 『日本人必携・留学生にも役立つ日本の文化と礼儀』 三恵社(2013)

□ 山本素子 『日本の伝統文化』 IBCパブリッシング(2010)

□ 佐々木瑞枝 『クローズアップ日本事情15-日本語で学ぶ社会と文化』 ジャパンタイムズ(2017)

□ 細井勝 『加賀屋の流儀―極上のおもてなしとは』 ＰＨＰ文庫(2015)

□ 旅行新聞企画部 『プロが選ぶ日本のホテル・旅館100選』 旅行新聞社(2017)

□ 竹内 誠, 『徹底比較　江戸と上方』 ＰＨＰ文庫(2007)

□ 三上 ナナエ, 『「あいさつ」の魔法』 朝日新聞出版(2016)

□ 金田一真澄, 『言葉は大事だ！じてん-あいさつ・マナー・敬語』 新日本出版社(2015)

□ 宮本常一, 『日本の人生行事―人の一生と通過儀礼』 八坂書房(2016)

외국어 출판 40년의 신뢰
외국어 전문 출판 그룹
동양북스가 만드는 책은 다릅니다.

40년의 쉼 없는 노력과 도전으로 책 만들기에 최선을 다해온 동양북스는
오늘도 미래의 가치에 투자하고 있습니다.
대한민국의 내일을 생각하는 도전 정신과 믿음으로 최선을 다하겠습니다.

📖 동양북스

📖 동양북스 추천 교재

일본어 교재의 최강자, 동양북스 추천 교재

회화 코스북

일본어뱅크 다이스키
STEP 1 · 2 · 3 · 4 · 5 · 6 · 7 · 8

일본어뱅크
좋아요 일본어 1 · 2 · 3 · 4 · 5 · 6

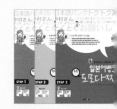

일본어뱅크 도모다찌
STEP 1 · 2 · 3

분야서

일본어뱅크
좋아요 일본어 독해 STEP 1 · 2

일본어뱅크
일본어 작문 초급

일본어뱅크
사진과 함께하는
일본 문화

일본어뱅크
항공 서비스 일본어

가장 쉬운 독학
일본어 현지회화

수험서

일취월장 JPT
독해 · 청해

일취월장 JPT
실전 모의고사 500 · 700

일단 합격하고 오겠습니다
JLPT 일본어능력시험
N1 · N2 · N3 · N4 · N5

일단 합격하고 오겠습니다
JLPT 일본어능력시험
실전모의고사 N1 · N2 · N3 · N4/

단어 · 한자

특허받은
일본어 한자 암기박사

일본어 상용한자 2136
이거 하나면 끝!

일본어뱅크
좋아요 일본어 한자

가장 쉬운 독학
일본어 단어장

일단 합격하고 오겠습니다
JLPT 일본어능력시험
단어장 N1 · N2 · N3

중국어 교재의 최강자, 동양북스 추천 교재

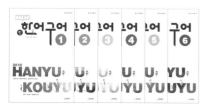

중국어뱅크 북경대학 신한어구어
1·2·3·4·5·6

중국어뱅크 스마트중국어
STEP 1·2·3·4

중국어뱅크 집중중국어
STEP 1·2·3·4

중국어뱅크
뉴! 버전업 사진으로
보고 배우는 중국문화

중국어뱅크
문화중국어 1·2

중국어뱅크
관광 중국어 1·2

중국어뱅크
여행실무 중국어

중국어뱅크
호텔 중국어

중국어뱅크
판매 중국어

중국어뱅크
항공 실무 중국어

정반합 新HSK
1급·2급·3급·4급·5급·6급

일단 합격 新HSK 한 권이면 끝
3급·4급·5급·6급

버전업! 新HSK
VOCA 5급·6급

가장 쉬운 독학
중국어 단어장

중국어뱅크
중국어 간체자 1000

특허받은
중국어 한자 암기박사

📖 동양북스 추천 교재

중고급 학습

첫걸음 끝내고 보는
프랑스어
중고급의 모든 것

첫걸음 끝내고 보는
스페인어
중고급의 모든 것

첫걸음 끝내고 보는
독일어
중고급의 모든 것

첫걸음 끝내고 보는
태국어
중고급의 모든 것

첫걸음 끝내고 보는
베트남어
중고급의 모든 것

단어장

버전업! 가장 쉬운
프랑스어 단어장

버전업! 가장 쉬운
스페인어 단어장

버전업! 가장 쉬운
독일어 단어장

가장 쉬운 독학
베트남어 단어장

여행 회화

NEW 후다닥
여행 중국어

NEW 후다닥
여행 일본어

NEW 후다닥
여행 영어

NEW 후다닥
여행 독일어

NEW 후다닥
여행 프랑스어

NEW 후다닥
여행 스페인어

NEW 후다닥
여행 베트남어

NEW 후다닥
여행 태국어

수험서 · 교재

한 권으로 끝내는 DELE
어휘·쓰기·관용구편 (B2~C1)

수능 기초 베트남어
한 권이면 끝!

버전업!
스마트 프랑스어

일단 합격하고 오겠습니다
독일어능력시험
A1 · A2 · B1 · B2